아빠의
부자수업

용돈에서 투자까지 처음 만나는 돈 공부

아빠의 **부자 수업**
용돈에서 투자까지 처음 만나는 돈 공부

초판 1쇄 발행 2024년 1월 30일

글 최현진
그림 방상호

편집 최일규, 김은이
디자인 방상호
독자 모니터 고서준, 김지훈, 김하빈, 박봄, 박창혁, 손윤아, 유민서, 이서언, 이한비

펴낸곳 오르트
펴낸이 정유진
전화 070-7786-6678
팩스 0303-0959-0005
이메일 oortbooks@naver.com

ISBN 979-11-976804-4-1 43300

아빠의 부자 수업

용돈에서 투자까지 처음 만나는 돈 공부

최현진 글 · 방상호 그림

오른트

독자 모니터단의 이야기

책을 읽기 전에는 경제 관련 책이라 지루하겠다는 생각이었지만 읽으면 읽을수록 생각이 바뀌었다. 어려운 주제지만 아빠가 아들에게 게임이나 다이어트 등으로 비유하면서 설명해 주어서 잘 몰랐던 경제 용어와 개념을 이해하기 쉬웠다. 경제 지식을 쌓고 싶은 친구들이나 투자에 관심 있는 친구들에게 진심으로 권하고 싶다.
이한비(서울 신남중학교 3학년)

평소 경제에 대한 기사나 이야기가 나오면 어렵게 느껴지고 나와는 상관없는 일이라고 생각했는데, 이 책을 읽은 후에는 다시 살펴보는 습관이 생겼다. 책에 나오는 것처럼 장기적인 관점으로 투자를 해 봐야겠다는 생각이 든다.
김지훈(대구 동도중학교 2학년)

적금, 예금, 펀드, 주식 등 흥미롭고 궁금했던 이야기가 많아 읽으면서 내용에 대한 호기심이 생겼다. 특히 '천재는 투자를 잘할까?'라는 대목이 매우 인상 깊었고 여러 예시와 비유 등이 있어서 이해가 잘 되었다. 또한 요즘 많이 쓰이는 '지름신'이라는 단어가 어떻게 만들어졌는지 알려 주어서 재미있었다.
손윤아(서울 길음중학교 1학년)

이 책을 읽고 투자를 직접 해 보고 싶다는 마음이 들었다. 하지만 손해를 볼 수도 있으니 투자에 대한 공부를 열심히 하고 펀드에 가입하여 간접 투자를 해야겠다. 친구들도 같이 관심을 가질 수 있도록 이 책을 추천해 주고 싶다.
박창혁(김포 운양초등학교 6학년)

쉽지 않은 주제를 아빠와 아들의 대화로 풀어내 더욱 친숙하게 다가왔고 잘 이해할 수 있었다. 나도 투자를 시작해 보고 싶다는 생각이 들었다.
이서언(인천 원당초등학교 6학년)

이 책을 읽고 나니 '돈은 어렵지 않다.'는 생각이 들었다. 다른 경제 책에서는 너무 복잡하게 설명을 해서 돈은 어려운 것이라고 느꼈었다. 하지만 이 책에는 평소에 있을 법한 이야기가 담겨 있어 읽고 이해하기 쉬웠다.
고서준(부산 해송초등학교 5학년)

어려운 내용도 지우와 지우의 아빠가 쉽게 이야기해 주어서 읽기 편했다. 투자와 주식에 대해 더욱더 정확하게 알게 된 것 같다.
유민서(대전 전민초등학교 5학년)

책에서 지우와 함께 아빠의 흥미로운 경제 이야기를 들을 수 있고, 설명이 쉽게 돼 있어 이해하기 쉬웠다. 경제 기초를 다질 수 있는 책으로 친구들에게 강력하게 추천하고 싶다.
박봄(부천 까치울초등학교 5학년)

평소에 책을 싫어했지만 이 책은 재밌게 읽었다. 솔직히 경제에 관심이 많은 편도 아닌데 직접 투자해 보고 싶다는 마음이 들 정도였다. 아빠와 아들의 대화가 재미있었고 아들의 말에 공감이 갔다. 미래에 정말 도움이 될 것 같다.
김하빈(인천 인천첨단초등학교 5학년)

부자가 되는 방법을 배워 본 적이 있나요?

돈을 싫어하는 사람이 있을까요? 돈이 많다면 평소 가지고 싶었던 옷이나 신발뿐 아니라 스마트폰과 노트북도 마음껏 살 수 있고, 친구들과도 집 앞 편의점 다니듯 맛집을 갈 수 있을 거예요. 또 마음만 먹으면 세계 어디든 여행을 다닐 수도 있고요. 생각만 해도 즐겁지 않나요? 그렇지만 주머니 사정은 늘 빠듯하기 마련이고, 그럴수록 부자가 되고 싶다는 생각은 더욱 간절해질 거예요.

그럼 부자가 되려면 어떻게 해야 할까요? 애초에 엄청난 부잣집에서 태어난 것이 아니라면 돈을 효율적으로 관리할 줄 알아야 합니다. 그러려면 돈에 대해 잘 알아야 하고요. 하지만 돈 쓸 궁리를 열심히 하는 사람은 많아도 돈에 대해 배워 보려는 사람은 드뭅니다. 그런 점에서 돈에 대한 호기심에 지금 이 책을 펼쳐본 여러분은 충분히 부자가 될 자격이 있습니다. 청소년 때부터 돈에 관심을 가지고 배워 간다면 충분히 부자가 될 수 있을 거예요.

저는 은행에서 일을 하고 있기 때문에 돈에 관해 다양한 사람과 여러 이야기를 나눕니다. 그런데 놀라운 것은, 다 큰 어른이라고 해도 돈에 대해 잘 모르는 경우가 많다는 점입니다. 학교에서 돈에 대해 직접적으로 가르쳐 주는 과목이 없다 보니 제대로 배워 본 적이 없어 모르는 게 당연할 수도 있습니다. 그럴 때마다, 어릴 때부터 잘 벌고 잘 쓰고 잘 불려 나가는 법을 배우면 어른이 되어서 돈 때문에 고민하는 일은 일어나지 않을 것 같다는 생각을 하곤 했습니다. 그리고 실제 부자들의 자산을 관리하는 업무를 담당하면서 그 생각이 맞다고 확신했습니다. 제가 만나 본 부자들은 어린 자녀에게 올바른 경제 관념을 심어 주기 위해 이미 많은 노력을 하고 있었거든요.

그래서 오랜 시간 고민하며 이 책을 쓰게 되었습니다. 마침 요즘 들어 돈에 관심을 보이는 저희 아이를 보면서, 여러 청소년들이 비슷한 생각을 하고 있지 않을까 하는 생각이 들기도 했고요. 아이가 돈에 대한 질문을 할 때마다, 친구들 사이에서 이런 부분을 궁금해하겠구나 생각했던 내용을 최대한 이해하기 쉽게 담아내 보고자 했습니다. 지금 사는 집의 평수나 부모님의 월급, 그리고 주식 같은 것을 한 번이라도 궁금하게 생각하지 않았던 청소년은 없겠다고 생각했거든요. 친구들과 돈에 관한 얘기를 나누는 건 좋은 자세라고 생각합니다. 다만 한 가지 당부하고 싶은 점은, 서로의 상대적인 '부'를 비교하면서 과시하거나 실망하는 청소년은 되지 않았으면 합니다.

부자가 되기 위한 첫걸음을 뗀 여러분에게 이 책이 돈에 대한 교실 밖 교과서로 의미 있는 도움이 되길 기원합니다.

끝으로 아빠가 쓴 글을 읽고 꼼꼼히 의견을 준 아들, 그리고 같은 부서에 근무하며 책을 쓰는 데 도움을 준 최영진 선임과 박찬주 선임에게 감사의 인사를 전합니다.

2024년 1월
최현진

1부

나도 부자가 될 거야!

1. 부자가 되는 세 가지 방법

여러분은 부자가 된 자신의 모습을 상상해 본 적이 있나요? 부자가 되면 무엇을 하고 싶은가요? 그런데 부자가 되어서 무엇을 할지를 생각하는 것보다 어떻게 부자가 될 수 있을지를 생각해 보는 게 필요하지 않을까요? 무엇을 해서 돈을 많이 벌면 좋을까요? 부모님과 어른들이 주시는 용돈을 차곡차곡 모으면 될까요? 아니면 학교를 마치고 지금부터라도 아르바이트를 하러 가야 할까요? 부자가 되기 위한 첫걸음은 바로 '투자'에 대해 이해하는 것에서 시작합니다. 투자가 무엇인지 같이 한번 살펴보기로 해요.

"지우야, 지우는 꿈이 뭐야?"

"나? 음……, 난 돈 많은 백수가 될 거야."

"돈 많은 백수?"

"응, 그래서 매일 게임하면서 편하게 살 거야. 피자나 햄버거처럼 맛있는 것도 많이 사 먹고. 자동차도 네 대 정도는 있어야겠지?"

"근데, 꿈이 돈 많은 백수면 돈은 어떻게 많이 벌 거야? 백수야 네가 원하면 될 수도 있겠지만 돈은 네가 원한다고 저절로 생기는 것은 아니잖아?"

"돈? 그건 아빠가 열심히 일해서 벌면 되잖아. 난 아빠가 돈 많이 벌면 그 돈으로 편하게 쓸래."

"하하하, 아빠나 엄마는 너 학교 다닐 때까지는 열심히 지원해 주겠지만 너한테 물려줄 돈은 없다. 아빠가 열심히 번 돈은 엄마랑 알차게 다 쓰고 죽을 거야. 대신에 우리 노후는 알아서 준비할게. 너한테 부담되지 않도록."

"에이, 뭐야. 그냥 일하는 김에 더 열심히 해서 돈 많이 벌어. 아빠 퇴근하고 들어오면 내가 안마해 줄게."

"아빠는 너한테 돈 많이 물려줘서 평생 편하게 놀고먹게 하는 것보다 네가 커서 스스로 필요한 돈을 벌 수 있도록 능력을 키워 주고 싶어. 만약 아빠가 물고기를 많이 잡으면 너 맛있게 먹으라고 줄 수는 있겠지. 근데 그건 어디까지나 아빠가 물고기를 잡을 수 있을 때나 가능한 거고, 아빠가 더 이상 힘이 없어서 물고기를 잡지 못하면 어떻게 할 거야? 맨날 아빠가 잡아다 준 물고기만 편하게 먹었는데, 먹을 것이 다 떨어졌다고 갑자기 나가서 물고기를 잡을 수도 없을 거아냐. 그러니 물고기를 계속 가져다주기보다는 아예 네가 스스로 물고기를 잡을 수 있도록 낚시하는 법을 알려 주고 싶은 것이 아빠 생

각이야."

"그래? 그럼 어떻게 하면 돈 많이 벌 수 있어?"

"헝가리 출신의 전설적인 투자자가 있어. 앙드레 코스톨라니*라고 하는데, 그분이 이런 이야기를 했어. 자신의 노력으로 부자가 되는 세 가지 방법이 있는데, 그건 첫째, 부자 배우자를 만나라. 둘째 유망한 아이템을 가지고 사업을 해라. 그리고 마지막으로 주식 투자를 해라. 쉽게 말해서 결혼, 사업, 그리고 주식 투자 이렇게 세 가지를 통해서 부자가 될 수 있다고 했어."

"이상하다. 왜 돈을 물려받는 이야기는 없어? 재벌 2세들은 아무것도 안 해도 부모가 부자니까 부자로 잘살잖아."

"아빠가 좀 전에 이야기했잖아. 자신의 노력으로 부자가 되는 방법이라고. 부모한테 재산을 물려받아서 부자가 되는 건 노력이라기보다는 운이지. 언제까지 자신의 인생을 운에 맡길 수는 없잖아? 스스로 만들어 나가야지."

● 앙드레 코스톨라니

앙드레 코스톨라니(1906~1999)는 주식 투자를 예술의 경지로 올려놓았다고 평가받는 인물로, 위기 속에서 기회를 찾는 역발상 투자의 대가로 손꼽힙니다. 제2차 세계 대전 직후 패전국 이탈리아와 독일에 투자해 상당한 시세 차익을 올리기도 했습니다.

부자가 되는 첫 번째 방법: 결혼

"음. 그럼 나는 결혼 잘하면 되겠다. 아빠는 부자가 아니지만 결혼은 부자랑 해야겠어. 뭐 부자 되는 거 하나도 어려운 게 아니네. 내가 또 한 인물 하잖아. 아빠도 아는지 모르겠지만 나 그래도 반에서 인기 많아."

"하하하, 너 잘생긴 건 아빠도 알지. 근데 너 작년에 좋아했던 같은 반 친구 있잖아. 우리 아파트 옆 동에 산다는 그 친구. 그 애한테 좋아한다고 말했다가 차였던 거 기억 안 나? 그때 아빠 기억에는 다른 친구를 더 좋아한다고 들었는데 맞나?"

"아이 뭐, 그런 지나간 이야기를 다 끄집어내고 그래. 그때 내가 얼마나 부끄러웠는데. 생각하기도 싫다. 그 애는 운동 잘하는 사람이 좋다고 하더라. 내가 아빠 닮아서 머리는 좋은데 운동 신경은 좀 나쁘잖아. 아, 이럴 줄 알았으면 어려서부터 엄마가 축구 클럽이랑 태권도 학원 보내 준다고 할 때 열심히 할걸."

"아빠가 보기에는 너 정도면 완벽한데? 얼굴 잘생겨, 키도 커, 공부도 잘해, 운동 좀 못하는 거야 흠도 아니지. 근데 사람이 사람을 좋아하는 데는 운명이라는 게 있나 봐. 너 짚신도 짝이 있다는 말 들어 본 적 있어?"

"아빠, 나 운동은 잘 못해도 책은 많이 읽잖아. 당연히 알지. 사람마다 자신에게 어울리는 짝이 있다는 말이잖아."

"그래, 맞아. 사람의 마음을 얻는다는 게 쉬운 일이 아니야. 세상에는 사람들이 엄청 많잖아. 그런데 그런 사람들의 이상형은 어떨까? 다 다르겠지? 사람에 따라서는 취향이 정반대일 수도 있어. 키 큰 사람을 좋아하는 사람도 있겠지만 키 작은 사람이 아담해서 좋다는 사람도 있을 수 있고, 공부 잘하는 사람을 좋아하는 사람도 있겠지만 그것보다는 운동 잘하는 사람을 좋아하는 사람도 있겠지? 다 달라. 그래서 자신에게 맞는 사람을 만나서 사랑하고 결혼까지 이어지는 것이 쉬운 일이 아니야. 그런데 그 배우자가 부자다? 얼마나 만나기 힘들겠어?"

"에이, 아빠가 잘 모르는 거 같은데, 엄마가 드라마 볼 때 가끔 옆에서 같이 보면 주인공들은 부자들하고 잘 만나서 결혼하고 하더라. 나도 만날 수 있을 거야."

"그건 아주 이상적인 상황인 거지. 평생 먹고 살 수 있을 만큼 돈을 많이 가진 사람이 세상에 얼마나 있겠어. 차라리 네가 미래에 만날 배우자를 위해 부자가 되는 것이 더 가능성이 높지 않을까?"

"그런가? 그럼 다음은 뭐지?"

"사업이야."

"사업? 사업은 뭐야?"

"아빠가 회사에 나가서 일을 하지? 그 회사를 운영하는 것을 사업이라고 해. 사업을 해서 돈을 번다는 것은 자기만의 회사를 운영한다는 의미야."

"그럼 사업을 하려면 돈이 아주 많이 필요하겠네? 근데 지금 돈이 없는데, 어떻게 사업을 해?"

"사업은 작게 시작해서 키워 나가는 거야. 학교 가는 길에 분식집도 있고, 편의점도 있고, 빵집도 있지? 그 가게 주인들이 바로 사업을 하시는 분들이지. 처음에는 동네에서 작게 시작해서 점점 규모를 키우는 거야. 네가 아는 회사가 뭐가 있을까? 삼성전자, 현대자동차, 네이버 같은 회사들도 처음에는 아주 작게 시작해서 지금에 이른 거야. 만약 네가 사업을 시작해서 이렇게 큰 회사로 만들게 되면 돈도 많이 벌 수 있겠지?"

"아, 그러네! 그럼 나는 사업을 해야겠다. 뭘 하면 좋을까?"

"사업을 하더라도 돈을 많이 벌려면 유망한 아이템을 가지고 해야겠지? 유망한 아이템이란 앞으로 시장이 커지는 사업을 의미하는 거야. 예를 들어 너 게임 좋아하지? 친구들 중에 게임 안 하는 친구 있어? 다들 모이면 게임하느라 정신없잖아. 그렇다면 앞으로 게임을 만들어 돈을 벌 수 있는 가능성은 높을까? 낮을까?"

"아무래도 높겠지?"

"그러면 사람들이 좋아하는 게임을 잘 만들면 큰돈을 벌 수 있지 않을까?"

"맞네. 나 예전에 코딩 배웠잖아. 코딩으로 게임 만든 것 중에 '좋아요'를 30개나 받은 것도 있어. 그럼 나도 코딩 열심히 해서 게임이나 만들어야겠다. 부자 되는 거 쉽네."

"그런데 너처럼 생각하는 사람이 많을까? 적을까? 게임을 잘만 만들면 돈이 된다는 생각을 가진 사람이 많겠지? 그럼 너도나도 게임을 만들 거 아냐. 그러다 보면 경쟁이 치열해지고 경쟁에서 살아남은 사람이야 돈을 많이 벌겠지만, 그렇지 못한 사람은 어떻게 되겠어? 돈을 못 벌겠지? 그래서 사업으로 성공하는 게 쉬운 일은 아니야. 그 치열한 경쟁에서 살아남으려면 사람들의 마음을 잘 읽어서 원하는 것을 만들어야 하는데 그게 힘들다는 거지. 사람들이 좋아하는 게임도 있지만 힘들게 만들었는데 관심 한 번 제대로 못 받고 사라지는 게임도 많아."

"생각해 보니 재미있을 거 같아서 다운로드받았는데, 한 번 하고 안 하는 게임도 많아. 내가 촉이 좋은지 한 번만 해 봐도 느낌이 팍 오거든. 내가 재미없다고 생각한 게임을 재미있다고 하는 사람은 못 본 거 같아. 근데 대부분은 열심히 만들면 돈 잘 버는 거 아냐?"

"근데 그게 쉬운 일이 아냐. 사업을 한다고 다들 돈 많이 벌고 성공하는 건 아니지. 아빠가 어디서 봤는데 회사가 100개 생기면 그중에 5년을 버티는 회사는 35개밖에 안 된대. 그런데 그 35개 회사 중에서도 또 5년을 버티고 살아남은 회사는 절반도 채 안 돼. 그러니까 100개의 회사가 사업을 시작하면 그중에 10년을 버티는 회사는 겨우 15개밖에 안 된다는 거지. 그만큼 힘들다는 거야. 네이버나 쿠팡, 카카오 같은 회사들 잘 알지? 이런 회사들과 비슷한 시기에 비슷한 아이템으로 사업을 했다가 망한 회사들도 많아. 그렇게 망한 회사들 이름은 기억도 잘 안 나지. 보통은 성공한 회사들 이름만 머릿속에 남거든. 그러다 보니 사업을 쉽게 생각할 수도 있는데 사업은 절대 쉬운 일이 아니야."

"뭐 쉬운 게 하나도 없네. 그냥 부자 되는 거 포기해야겠다. 이렇게 힘들어서야 할 수 있는 게 없네."

"하하하, 그래도 마지막 하나가 남았잖아. 아빠가 뭐라고 했지? 부자가 되는 세 가지 방법이라고 했지? 결혼, 사업 그리고 뭐였을까?"

"맞다. 세 개였지? 근데 모르겠어. 처음 들어 본 말 같은데."

"주식 투자야."

"주식? 주식은 우리가 주로 먹는 거잖아. 우리 주식은 쌀이지."

"하하하, 그 주식 말고. 여기서 말하는 주식은 바로 회사의 주인이 되는 거야."

"회사? 사업? 아까도 사업 이야기했잖아. 사업 힘들어서 안 한다고 했는데, 또?"

"네 이야기도 맞긴 하지만 주식 투자는 사업이랑은 또 다른 이야기야. 주식 투자가 뭔지 얘기하기 전에 주식이 뭔지부터 설명해 줄게. 사업을 하기 위해서는 회사를 만들어야겠지? 근데 회사를 만들려면 돈이 필요해. 직원 월급도 줘야 하지, 일할 수 있는 공간도 마련해야지, 그리고 일하는 데 필요한 컴퓨터, 책상, 필기구 같은 것도 있어야겠지? 제품을 만들려면 그에 맞는 기계를 사거나 신제품을 위한 연구 개발에도 투자를 해야 되고. 회사를 운영하려면 이렇게 돈이 필요한 부분을 생각해야 해."

"거봐, 사업은 돈이 아주 많아야만 할 수 있잖아. 돈도 많이 들고 쉽지도 않네."

"근데 그 돈을 혼자서 내는 게 아니라 여러 명이 나눠서 내면 어떨까? 사람들이 조금씩 돈을 모아서 사업을 하는 거야. 예를 들어서 어떤 회사를 만들어 운영하기 위해 1억 원이 필요하다고 가정해 보자.

한 사람이 그 1억 원을 전부 투자해서 혼자 회사를 설립할 수도 있겠지. 그러면 그 회사는 1억 원을 투자한 그 한 사람이 가지는 거야. 근데 마음이 맞는 사람 열 명이 한 사람당 1,000만 원씩 투자를 해서 회사를 설립할 수도 있어. 그러면 이제 그 회사는 열 명이 공동으로 소유하는 회사가 되는 거지. 근데 돈을 낸 사람이 열 명이니까 회사의 소유권을 나눠 가져야겠지? 이럴 때 소유권을 나눴다는 의미에서 주는 증서가 바로 주식이야. 그리고 이렇게 **회사의 주식을 가지고 있는 사람을 주주라고 불러.**"

"그럼 **주식은 회사의 주인이라는 것을 나타내 주는 증명서네?**"

"맞아."

"근데 주식으로 어떻게 부자가 될 수 있는 거야?"

"크게 두 가지 방법이 있지. 회사가 돈을 벌면 그 돈을 누가 가지고 갈까?"

"아무래도 주인이 가져가겠지?"

"맞아. **회사가 번 돈을 주주에게 나눠 주는 것을 배당이라고 해.** 배당을 많이 하면 할수록 주주는 돈을 많이 벌 수 있겠지? 그리고 또 한 가지는 주식을 팔아서 돈을 벌 수 있어."

주식은 중고가 더 비싸기도 해?

"어떻게? 원래 가지고 있던 거 되팔면 가격이 떨어지는 거 아냐? 나도 얼마 전에 당근마켓에 장난감 팔았더니 5,000원밖에 못 받았어. 그 장난감 원래는 3만 원에 샀던 거란 말이야."

"모든 것에는 기준이 있어. 그 기준에 따라 가격이 변하는 거야. 중고로 판 장난감은 새것이 아니니까 싸게 판 거잖아. 가지고 놀면서 여기저기 긁힌 데도 많고. 그렇다면 중고로 판 장난감 가격의 기준은 보관 상태가 되겠지? 만약 사서 상자도 안 뜯어본 장난감이었다면 그래도 5,000원에 팔렸을까? 아마 2만 원 정도는 받을 수 있지 않았을까?"

"그건 그렇지. 사실 5,000원에도 아무도 안 사는 건 아닌가 해서 걱정했는데, 그나마 다행이라는 생각이 들었거든."

"그렇다면 주식의 가격은 뭘 기준으로 정해질까?"

"나야 모르지."

"주식의 가격은 그 회사의 가치에 따라 변해. 예를 들어 보자. 1억 원을 가지고 설립한 회사가 돈을 많이 벌어, 매월 1,000만 원씩 돈을 버는데 최근에 개발한 제품이 인기를 끌면서 매출이 확 늘어난 거야. 그래서 이제는 매월 3,000만 원씩 돈을 벌어. 그러면 회사의 주인인 주주들이 받는 배당도 많아지겠지? 그렇게 버는 돈이 많아졌다면 회사의 가치는 어떻게 될까?"

"당연히 오르겠지."

"맞아. 당연히 오르겠지? 그렇게 회사의 가치가 오르면 주식의 가격도 덩달아 오르게 되는 거야. 반대로 회사의 가치가 떨어지면 주식의 가격도 떨어지겠지."

"그럼 주식으로 돈 버는 방법은 배당을 받거나 회사의 가치가 올랐을 때 더 비싼 가격에 주식을 팔아서 돈을 버는 거네."

"정확해. 엄청 똑똑하네. 이렇게 어려운 이야기도 잘 이해하고."

"이 정도는 껌이지. 근데 생각해 보니까 내 친한 친구도 엄마한테 생일선물로 삼성전자 주식을 받았다고 들었거든. 근데 며칠 후에 가격이 떨어졌다고 친구가 막 짜증 내고 그러던데, 주식 투자도 손해를 볼 수 있는 거지? 괜히 샀다가 떨어지면 손해인데, 너무 위험한 거 아니야?"

"주식은 계속해서 가격이 변하기 때문에 짧은 시간을 놓고 봤을 때는 가격 변동폭이 상당히 클 수도 있어. 근데 장기적으로 보면 오르는 경향이 있어. 아까 부자가 되는 세 가지 방법을 얘기한 사람 누구라고 했지?"

"앙드레 무슨 아저씨였던 거 같은데."

"앙드레 코스톨라니. 그분이 결혼, 사업, 주식 중에 가장 쉬운 것이 바로 주식 투자라고 했어. 왜냐하면 주식은 장기적으로 우상향하면서 오르기 때문이지. 무조건 버틸 수만 있다면 이기는 게임이 바로 주식 투자라고 했어."

"그렇구나. 그럼 나도 이제 주식 투자를 해야겠네? 그런데 어떤 주식을 사는 게 좋아?"

"아주 좋은 질문이야. 주식은 아무거나 사는 게 아니야. 그 회사에 대해 잘 알아보고 사야 해. 이 회사가 어떤 사업을 하는지, 돈은 얼마나 벌고 있는지, 제품 개발에 얼마나 투자하는지 등등 여러 가지를 고루고루 살펴보고 어떤 주식에 투자할지를 잘 결정해야 해. 쇼핑하듯이 좋아 보이는 주식을 사는 것이 아니라 진짜 괜찮은 회사를 찾아서 투자하고 최대한 오래 가지고 있는 것이 중요해."

"아빠, 그럼 나도 이제 주식 투자 할래. 이제 돈이 생기면 주식을 사야겠어."

"그래, 좋은 생각이야. 그런데 주식을 사는 것보다 더 중요한 게 있어. 그건 바로 돈에 대해서 배우는 거야. 투자를 잘해서 돈을 많이 버는 것도 중요하지만 그렇게 모은 돈을 어떻게 관리할지도 중요하거든. 이번 기회에 아빠랑 돈을 어떻게 관리해야 하는지랑 투자를 잘하려면 뭘 알아야 하는지 같은 걸 한번 배워 보지 않을래? 기본부터 착실하게 알아 두면 이다음에 커서 어른이 되어도 돈 때문에 고생하는 일은 없을 거 같아."

"응, 알았어. 사실 돈에 대해서 궁금한 것이 많았는데, 이번 기회에 잘 배워 봐야겠어. 아빠랑 돈이나 주식 이야기를 하니까 벌써 어른이 된 거 같기도 하네. 내가 주식 투자로 돈 많이 벌면 나중에 아빠 용돈도 많이 줄게. 그동안 나 키우느라 돈 많이 들었을 테니까. 나 한번 믿어 봐."

"그 말 들으니 벌써 용돈 받은 기분이네. 그럼 우리 함께 공부 잘해 보자. 약속."

"약속."

괜찮은 회사를 골라 오래 투자한다면 얼마나 큰 투자 성과를 올릴 수 있을까요? 약 20년 전인 2003년 1월, 지우의 아빠는 삼성전자 주식에 1만 원, 애플 주식에 10달러를 투자했습니다. 당시는 갤럭시도, 아이폰도 나오기 전이었습니다. 심지어 스마트폰이라는 말도 사용하지 않을 때였습니다.

스마트폰이 아닌 휴대폰을 찾아보기 어려운 지금, 지우 아빠의 삼성전자 주식 가치는 약 11만 5,000원으로 늘어났습니다. 투자했던 원금 1만 원이 11만 5,000원으로 증가했으니 수익률을 계산하면 1,050퍼센트나 됩니다. 같은 기간 은행의 정기 예금에 1만 원을 맡겨 두었다면 현재 그 돈은 수익률 약 100퍼센트, 그러니까 약 2만 원이 되었을 겁니다. 삼성전자의 주식은 정기 예금에 비해 약 10배나 높은 수익률을 기록한 것입니다.

그렇다면 애플 주식은 어떻게 되었을까요? 2003년 1월에 10달러를 주고 구입한 애플 주식의 가치는 지금 무려 7,570달러로 늘어났습니다. 수익률로 따지면 7만 5,600퍼센트입니다. 정말 엄청난 수익

삼성전자 주식 가격 변화

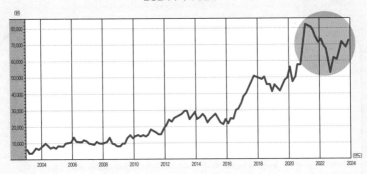

입니다.

그러나 이 정도의 장기 투자에 성공한 사람은 드뭅니다. 그 이유는 주식 가격이 꾸준히 오르기만 하는 게 아니라 올랐다가 내렸다가 하는 상황을 끊임없이 반복하며 조금씩 오르기 때문입니다. 위 그래프에서 보이는 것처럼 만약 2021년 1월에 삼성전자에 투자했다면 지금까지도 손해를 보고 있는 상황일 겁니다. 일반적으로는 이렇게 손해인 상황이 계속되면 이를 참지 못하고 보유한 주식을 팔고자 하는 투자자들이 많습니다. 그만큼 장기 투자는 쉽지 않습니다.

2. 지출에도 계획이 필요해

여러분은 용돈을 받으면 어떻게 사용하나요? 받자마자 사고 싶은 것을 모두 사는 친구도 있을 거고, 다음 용돈을 받을 때까지 사용할 금액을 조절하는 친구도 있을 거예요. 사람마다 스타일은 다르겠지만 꼭 기억해야 할 것은 자기가 돈을 어떻게 쓰고 있는지 알아야 한다는 점이에요. 그래야 불필요한 곳에 쓰는 돈을 줄이고 계획성 있는 지출 습관을 기를 수 있기 때문이에요. 똑같은 액수의 용돈을 받아도 불필요한 소비를 줄이면 그만큼 부자가 되는 길에 가까이 갈 수 있답니다.

"너 오늘 엄마한테 혼났다며? 용돈 받자마자 걸 그룹 굿즈 사는 데 돈 다 썼다고."

"안 걸릴 수도 있었는데, 그때 하필 엄마가 방에 간식 가져오는 바람에. 근데 내 돈 가지고 내가 쓴다는데 그게 그렇게 혼날 일인가?"

"엄마가 너 학교랑 학원 다니는 데 필요하니까 준 건데, 그렇게 다른 데 홀랑 다 써 버리니 혼날 만하지 뭐. 근데 그렇게 용돈 다 쓰면 이번 달은 어떻게 할 거야? 돈 없어도 괜찮은 거야?"

"그게 말이지. 굿즈 살 때만 해도 돈 없어도 충분히 살 수 있을 거라 생각했는데, 막상 돈이 하나도 없으니 너무 불편해. 친구들이랑 피시(PC)방에도 가야 하고, 학원에서 쉬는 시간에 간식도 사 먹어야 하는데, 돈이 하나도 없으니 아무것도 할 수가 없네. 근데 희한하게 주머니에 돈이 하나도 없어서 그런지 평소보다 먹고 싶은 것도 많고, 하고 싶은 것도 많더라고. 이럴 줄 알았으면 그냥 굿즈 사지 말걸. 아빠, 이왕 이렇게 된 거 엄마 몰래 나 용돈 좀 줘라. 엄마한테는 차마 돈 달라고 못 하겠어. 응?"

"안 돼. 너 그렇게 생각 없이 돈 쓰는 건 정말 안 좋은 습관이야. 네가 저지른 일이니까 네가 책임을 질 필요도 있어. 그렇게 생각 없이 돈을 쓰면 어떤 일이 생기는지 직접 경험해 보는 것도 좋은 공부라고 생각해."

"치, 알았어. 이번 한 달만 잘 버텨 보지 뭐."

투자보다 중요한 돈 관리

"그건 그렇고 너 저번에 아빠가 주식을 사는 것보다 더 중요한 게 있다고 말한 거 기억나니?"

"응, 돈 관리. 맞지?"

"그래, 맞아. 근데 너 돈 관리가 뭔지 알아?"

"관리니까, 돈이 들어오고 나가는 것을 잘 파악하는 건가?"

"맞아. 근데 왜 돈 관리가 투자를 잘해서 돈을 많이 버는 것보다 중요할까?"

"음……. 그건 잘 모르겠어. 투자해서 부자가 되면 그런 거 신경 안 써도 되지 않아? 마음껏 돈 쓰려고 부자 되려는 건데, 무슨 관리가 필요해?"

"돈이 아무리 많아도 그 돈을 다 써 버리는 건 한순간이야. 얼마 전에 기사도 봤잖아. 복권에 당첨돼서 180억 원을 받은 남자가 10년 만에 그 많은 돈을 다 써 버리고 노숙자가 된 사연 기억 안 나?"

"기억나는 거 같아. 근데 180억 원이면 도대체 얼마야? 1년에 1억 원씩 쓴다고 해도 그 돈을 다 쓰려면 180년이나 걸리는 거 아니야? 근데 어떻게 그 돈을 한 푼도 남기지 않고 다 쓸 수 있는 거지? 그거 거짓말 아니야?"

"돈을 쓰려고 마음먹으면 한도 끝도 없어. 우리 가족 외식 한 번 하면 4~5만 원이면 되잖아. 근데 정말 고급 식당에서 먹으면 가격이 열 배가 훌쩍 넘을 수도 있어. 아빠 가끔 저녁에 와인 한 잔씩 마시잖아. 근데 엄청 비싼 와인은 한 병에 몇천만 원씩 하는 것도 있어. 같은 와인이라도 품질에 따라서 가격이 천차만별이 되는 거지. 먹고 마시는 것만 그럴까? 옷이며, 각종 가전제품이며, 자동차에 이르기까지 품질에 따라서 가격이 정말 많이 달라. 그러니까 돈을 생각 없이 막 쓰기 시작하면 다 쓰는 건 시간문제인 거지."

"그러면 돈을 어떻게 관리해야 잘하는 거야?"

"새는 구멍을 잘 막아야 해."

"새는 구멍? 그게 뭔데?"

"너 《콩쥐팥쥐》라는 전래동화 알지?"

"당연하지. 날 뭘로 보고. 그런 건 이미 유치원 때 다 읽었다고."

"콩쥐가 밑 빠진 항아리에 물을 채우는 이야기 기억나?"

"그럼. 콩쥐가 항아리에 물을 채우려고 열심히 물을 부었는데, 항아리 밑이 깨져 있어서 물이 다 흘러나갔잖아. 엉엉 울고 있던 콩쥐 앞에 두꺼비가 나타나 항아리 밑에 깨진 부분을 자기 몸으로 막아 줘서 물을 채우는 데 성공하잖아."

"오, 똑똑한데? 아빠가 생각했을 때 콩쥐가 밑이 깨진 항아리에 물을 채우는 과정이나 돈을 모아 부자가 되는 과정은 비슷한 거 같아. 어떤 점에서 비슷할까?"

"음, 그럼 물이 돈이야? 항아리를 물로 채운다는 것은 그만큼 돈이 많아진다는 거겠네."

"정답. 그런데 그 항아리 밑에 뭐가 있지?"

"구멍."

"그럼 구멍은 뭘 의미할까?"

"돈을 버는 거랑 비슷하다고 했으니 구멍을 통해 물이 새는 건 돈을 쓰는 거?"

"와, 대단한데? 맞아. 항아리 밑의 깨진 부분은 바로 지출을 의미해. 항아리 밑에 깨진 틈을 통해 물이 쉴 새 없이 흘러나가잖아. 지출도 마찬가지야."

"에이, 그래도 돈 안 쓰는 날도 있잖아. 지난 주말에는 우리 어디 안 나가고 그냥 집에서 하루 종일 놀았잖아. 집에만 있어서 좀 심심했지만 그런 날도 있으니 쉴 새 없이 돈을 쓴다는 말은 틀린 거 아냐?"

"물론 직접적으로 돈을 쓰지는 않았지만 텔레비전을 보거나 에어컨을 켤 때 사용하는 전기, 설거지를 하거나 샤워할 때 사용하는 물, 겨울에 집을 따뜻하게 하기 위한 난방 같은 건 계속 썼잖아? 그런 건 나중에 모아서 한 번에 돈을 내는 거라 잘 알지 못하지만 지금 이 순간에도 계속 돈을 쓰고 있는 거야."

"그런가? 근데 지금도 돈이 계속해서 나가고 있다니까 좀 무섭다. 그러다 돈 다 쓰면 우리 어떻게 되는 거야?"

"하하하, 그런 일이 생기지 않도록 아빠랑 엄마가 잘 관리하고 있으니 걱정하지 않아도 돼. 근데 거액의 복권에 당첨됐다가 노숙자가 된 사람은 뭐가 문제였을까?"

"구멍이 너무 커서?"

"맞아. 항아리가 아무리 크고 물이 가득 들어 있어도 밑에 난 구멍으로 물이 쉴 새 없이 빠져나가면 어떻게 될 거 같아?"

"금방 물이 다 없어지겠지?"

"그래. 구멍이 얼마나 큰지에 따라 물이 빠지는 데 걸리는 시간은 좀 차이가 나겠지만 결과는 같겠지? 그러면 항아리에 물을 유지하기 위해서는 뭐가 필요할까?"

구멍을 어떻게 막지?

"음, 두꺼비? 콩쥐도 두꺼비 덕분에 항아리를 채울 수 있었잖아."

"그래. 두꺼비가 있어야겠다. 근데 돈을 모으는 데 필요한 두꺼비는 지출을 잘 통제하는 습관이야. 아빠가 아까 새는 구멍을 막아야 한다고 했던 말 기억하지? 그 구멍을 효과적으로 관리하기 위해서는 올바른 소비 습관이 필요해. 아빠가 질문 하나 할게. 만약 네가 일도 열심히 하고 투자도 열심히 해서 매월 1,000만 원씩 번다고 하자. 근데 쇼핑을 너무 좋아해서 이것저것 많이 사. 그러다 보면 어떤 달은 1,000만 원도 넘게 쓰는 경우도 있겠지? 그럼 네 항아리는 어떤 상태일까?"

"비어 있겠지?"

"그런 상태에서 갑자기 병 때문에 혹은 사고로 더 이상 일을 못하는 상황이 생기면 어떻게 될까?"

"아빠나 엄마에게 전화해야지. 돈 달라고."

"그렇게 한두 번은 도와줄 수 있겠지. 그런데 이런 일이 반복되거나 지속된다면? 아빠나 엄마도 더 지원해 주기 힘들겠지? 그러면 돈이 없으니까 쇼핑도 못 하고 맛있는 것도 못 사 먹고. 이래저래 스트레스를 많이 받겠지?"

"나 쇼핑 안 좋아해. 근데 맛있는 거 못 먹고 좋아하는 거 못 하면 되게 우울할 거 같아."

"우리 주변에는 생각보다 많은 사람이 돈 때문에 고통받고 있어. 물론 버는 돈 자체가 적어서 문제가 생길 수도 있어. 하지만 웬만큼 돈을 버는데도 돈 문제로 계속 스트레스를 받는 사람도 많아. 보통 이런 사람들은 자기가 버는 돈이 부족해서 문제가 생긴다고 생각해. 그래서 어떻게 돈을 더 많이 벌 수 있을지 궁리를 하지. 근데 이건 잘못된 생각이야. **돈 문제의 대부분은 버는 돈보다 많이 쓰기 때문에 생기는 거야.**"

"항아리에 물을 아무리 많이 부어도 큰 구멍이 있으면 물이 사라지는 거랑 같은 원리네?"

"그렇지. 한 달에 200만 원을 버는데 150만 원을 쓴다면 50만 원이 남을 거야. 일 년이면 600만 원을 모을 수 있지. 근데 한 달에 500만 원을 벌어도 매월 550만 원을 쓴다면 매월 50만 원이 부족하겠지. 그럼 이 부족한 50만 원을 어떻게 해결할까?"

"글쎄, 누군가에게 달라고 해야지. 가족이나 친구들에게?"

"그렇게 돈을 빌리는 것을 빚이라고 해. 빚은 언젠가는 갚아야겠지? 안 그러면 급할 때 누가 돈을 빌려주겠어? 그런데 빚이 얼마 되지 않을 때야 큰 상관이 없겠지만 자꾸 커지면 나중에는 통제 불능 상태에 빠지게 될 거야."

"많이 버는 것도 중요하지만 그 돈을 어떻게 쓰는지도 진짜 중요한 거구나."

"맞아. 200만 원을 버는데 150만 원을 써서 50만 원을 남기는 사람이랑 500만 원을 버는데 550만 원을 써서 매월 50만 원씩 빚이 생기는 사람, 둘 중 누가 부자가 될 가능성이 높다고 생각해?"

"당연히 200만 원을 버는 사람이지. 남는 돈이 있어야 투자도 할 수 있는 거 아냐?"

"맞아. 월급을 많이 받고, 투자를 잘해 수익을 많이 내는 것도 중요하지만 지출을 잘 조절할 수 없다면 그렇게 많이 번 돈도 얼마 가지 않아 다 없어지고 말 거야. 그러니까 부자가 되기 위해서는 지출을 효과적으로 통제할 수 있는 두꺼비를 가지고 있는 게 중요하지."

계획에 맞춰 소비를

"부자가 되려면 크고 좋은 두꺼비가 있어야 한다는 말이지? 근데 그런 두꺼비는 어디서 구해?"

"오, 좋은 질문이야. 아까 아빠가 올바른 소비 습관을 가리켜 두꺼비라고 했지? 그럼 올바른 소비 습관을 어떻게 만들 수 있을까?"

"아껴 쓰면 되지 않을까?"

"그렇지. **아껴 쓰는 습관도 중요해. 하지만 더 중요한 건 바로 계획이야.**"

"계획? 어떤 계획?"

"너 걸 그룹 굿즈 샀을 때 어떤 계획이 있었어?"

"글쎄, 별로 그런 건 없었는데? 그냥 왠지 그걸 사지 않으면 안 된다

는 생각밖에 없었어. 너무 가지고 싶었거든⋯⋯."

"아빠 생각에 넌 아직 돈을 계획 있게 쓰지 못하는 것 같아. 용돈을 받으면 필요할 때마다 그때그때 돈을 쓸 게 아니라, 이 돈을 어디에 얼마만큼 쓰는 게 좋을지 사전에 계획을 세울 필요가 있어. 만약 평소에 용돈을 좀 더 계획적으로 썼다면 용돈을 받자마자 걸 그룹 굿즈를 사지는 않았을 거야. 왜냐면 네 용돈 규모에서 그걸 사고 나면 답이 없거든. 그냥 돈 없이 한 달을 버티는 수밖에 없잖아. 그렇지만 미리 계획을 세웠다면 평소 씀씀이를 줄여서 조금씩 돈을 아꼈겠지. 굿즈를 사기 위해서. 그렇다면 오늘 같은 일도 없었겠지?"

"그건 그러네. 미리 계획을 세웠어야 했는데."

"지금부터라도 지출 계획을 세우는 습관을 만드는 것이 중요해. 솔직히 넌 아직까지는 돈을 쓸 곳이 그렇게 많지 않다 보니까 계획을 세우거나 안 세우거나 큰 차이가 없을 수도 있어. 하지만 앞으로 어른이 되면 어떻게 할래? 어른이 되면 지금하고는 비교도 할 수 없을 만큼 돈을 써야 할 곳이 많아지거든. 전기료, 수도세, 난방비 같은 공과금도 내야 하고 신용 카드 대금, 대출 이자, 각종 회비, 적금 같은 데로 엄청나게 많은 돈이 빠져나가게 될 거야. 지금부터 지출 계획 세우는 걸 연습해 놓지 않으면 그때가 되어서도 여전히 계획적으로 돈을 쓸 수 없겠지?"

"그러고 보니 복권에 당첨된 아저씨나 나나 비슷했네. 이번 기회에 다음 달 용돈을 어떻게 쓸지 한번 고민해 봐야겠다."

"좋은 생각이야. 지금부터 계획적인 소비를 실천한다면 나중에 커서 어른이 되어서도 정말 잘할 수 있을 거야. **돈을 많이 버는 것도 중요하지만 이를 어떻게 지킬 것이냐도 중요하다는 점 반드시 명심해. 알았지?"**

"응, 돈을 쓰는 것에도 계획이 필요하다는 것은 처음 알았는데, 생각해 보니 정말 중요한 것 같아. 이제부터라도 용돈 관리 잘할게."

"그래. 아빠도 믿어. 화이팅!"

더 알아보기

부자 지수

우리는 나중에 부자가 될 수 있을까요? 누구나 한 번쯤은 이런 생각을 해 봤을 겁니다. 나이, 소득, 자산, 빚 등 사람마다 처한 상황이 모두 다르니 마땅히 비교해 보기도 애매합니다. 그래서 등장한 것이 바로 부자 지수입니다. 부자 지수란 부자가 될 가능성을 수치로 나타내 주는 것으로, 오랫동안 부자에 대해 연구한 미국의 토머스 스탠리 박사가 만들어 자신의 책 《이웃집 백만장자》에 소개하면서 널리 알려졌습니다.

부자 지수 = (순자산 × 10) ÷ (나이 × 연소득) × 100

부자 지수는 순자산, 나이, 연소득을 이용해 구할 수 있습니다. 여기서 순자산이란 자신이 가지고 있는 전체 재산에서 부채, 즉 타인에게 빌린 돈을 뺀 금액입니다.

그렇다면 서로 다른 상황의 두 사람이 있다고 가정하고, 누가 더 부자가 될 가능성이 높은지 알아볼까요? 올해 30세인 A는 3,000만 원의 연봉을 받고 있으며, 지금까지 모은 순자산은 1억 5,000만 원입니다. 반면 올해 35세인 B는 6,000만 원의 연봉을 받고 있으며 지금까지 2억 5,000만 원의 순자산을 모았습니다. 현재 상황만 보면 연봉이 높고 모아 놓은 재산도 많은 B가 부자가 될 가능성이 높을 것 같기도 합니다. 실제로도 그럴까요? 두 사람의 부자 지수를 구하면 다음과 같습니다.

	순자산	나이	연봉	부자 지수
A	1억 5,000만 원	30세	3,000만 원	166.67
B	2억 5,000만 원	35세	6,000만 원	119.05

A는 B에 비해 순자산도 적고 연봉도 낮은 편이지만 부자가 될 가능성은 오히려 B보다 높습니다. 이는 A가 B보다 낮은 연봉에도 불구하고 어린 나이에 순자산을 많이 모았기 때문입니다. 결국 부자가 될 가능성은 단순히 현재의 순자산이나 수입보다는 자신의 나이와 소득에 비해 얼마나 많은 돈을 모았는지에 따라 달라집니다.

3. 신용 카드로 주식 사 주면 안 돼요?

부모님이나 주변 어른들이 신용 카드를 사용하는 모습을 본 적이 있을 거예요. 여러분들 중에서도 부모님의 신용 카드를 직접 써 본 친구가 있나요? 작은 카드 하나만 내밀면 온갖 물건을 다 살 수 있다는 것이 신기하지 않았나요? 그런데 이런 편리함이 때로는 독이 될 수도 있어요. 그래서 신용 카드를 사용할 때는 항상 주의해야 합니다. 신용 카드는 어떤 원리로 우리를 편리하게 해 주는지, 왜 독이 될 수 있는지 알아볼까요?

"아빠, 나 주식 좀 빨리 사 줘."

"너 돈 모아서 사기로 했잖아. 갑자기 왜?"

"지난번에 아빠가 주식 알려 줬잖아. 그래서 내가 학교 가서 아는 척도 좀 할 겸 애들한테 주식 이야기를 좀 했거든. 근데 의외로 주식을 가지고 있는 애들이 많더라. 근데 상우가 또 옆에서 잘난 체를 하는 거야."

"상우? 상우가 누구야?"

"왕재수라고 하나 있어. 맨날 내가 뭐만 하면 옆에 와서 한마디씩 던지는데, 은근 기분이 나빠. 이번에도 내가 주식 이야기를 한참 하는데, 옆에 와서는 자기 주식 자랑을 하는 거야. 세뱃돈 받은 걸로 애플 주식을 샀는데, 그게 벌써 30퍼센트나 올랐다나 뭐라나. 그러면서 엄청 아는 척을 하더라고. 그러면서 주식에 대해 궁금한 거 있으면 자기한테 물어보래. 나 원. 나도 빨리 주식 투자해서 상우보나 너 많이 돈 벌어야겠어. 그래서 상우 코를 납작하게 해 줄 거야. 그러니까 빨리 주식 사 줘."

"친구 때문에 기분이 많이 상했구나. 근데 아빠 돈 없어."

"돈 있으면서 맨날 없대. 그럼 신용 카드 라도 줘. 그걸로 사 주면 되잖아."

"신용 카드? 주식은 신용 카드로 살 수 없어."

"에이, 거짓말. 신용 카드만 있으면 뭐든 다 살 수 있으면서."

"식사를 하거나 물건을 살 때, 그리고 학원비를 낼 때처럼 소비를 할 때 신용 카드를 쓸 수 있는 건 사실이야. 그렇지만 은행에 입금을 하거나 주식에 투자할 때는 신용 카드를 쓸 수 없어."

"엥? 신용 카드만 있으면 뭐든 다 할 수 있는 거 아니었어?"

"그렇지 않아. **신용 카드는 일종의 대출이야.** 신용 카드 회사가 카드를 쓰는 사람에게 대출을 해 주는 셈이지."

"신용 카드가 대출이라고? 대출이 빚을 말하는 거지?"

"맞아. 빚이야. 너 돈이 없어도 신용 카드로 어떻게 물건을 살 수 있는지 궁금하지 않아?"

어떻게 카드로 물건을 살 수 있는 걸까?

"사실 한 번도 궁금해한 적 없는데, 막상 듣고 보니 궁금하네. 왜 돈 없이도 물건을 살 수 있게 만든 거야?"

"신용 카드의 비밀을 알려면 대출이 뭔지부터 알아야 돼. 그러면 신용 카드가 일종의 빚이라는 아빠 말이 이해가 될 거야. 네가 생각하기에 빚이 뭐야?"

"돈을 빌려 쓰는 거."

"그러면 그 돈은 나중에 어떻게 해야 해?"

"당연히 갚아야지."

"그렇지. 갚아야겠지. 그런데 돈을 빌려서 쓰고 금방 갚을 수도 있겠지만 오랫동안 쓸 수도 있잖아. 그럼 그 기간 동안에 돈을 사용한 대가를 지불해야 하지 않을까?"

"사용료 같은 거?"

"맞아, 사용료. 돈을 빌려서 쓴 사람은 사용료를 내야 해. 그걸 대출 이자*라고 불러."

"아빠도 내가 아빠한테 돈 빌리면 대출 이자 내라고 할 거야?"

"하하하, 가까운 사이에는 상황에 따라서 대출 이자를 안 받을 수도 있겠지. 근데 보통은 은행 같은 금융 기관에서 돈을 빌리지. 그러니까 대출 이자를 안 낼 수가 없어. 은행은 돈이 필요한 사람에게 돈을 빌려주고 대출 이자를 받아 돈을 버는 회사거든. 대출 이자를 받을 수 없다면 돈을 빌려주지 않겠지."

● 신용 카드
지금 물건을 사거나 서비스를 제공받더라도, 돈은 나중에 낼 수 있도록 하는 카드입니다. 판매자, 카드 회사, 사용자가 서로 신용을 토대로 거래를 한다고 해서 신용 카드라는 이름이 붙었습니다. 당장 돈이 없더라도 물건이나 서비스를 구매할 수 있기 때문에 소비를 편리하게 해 줍니다.

● 대출 이자
대출은 돈을 빌려주거나 빌리는 행위를 말합니다. 이 경우 돈을 빌린 사람은 일종의 사용료를 지불해야 하는데, 이를 이자라고 불러요. 일반적으로는 대출을 할 때에 얼마만큼의 이자를 언제 낼지 정하게 됩니다.

"돈을 빌리면 나중에 다 갚아야 하는데, 중간에 대출 이자도 내야 하는 거구나."

"맞아. 그렇다면 이번에는 신용 카드의 원리에 대해서 알아볼까? 아빠가 신용 카드로 물건을 사면 물건값을 누가 낼까?"

"신용 카드 회사?"

"오, 맞아. 어떻게 알았어?"

"내가 눈치가 빠르잖아. 뭐, 흐름상 신용 카드 회사가 아닐까 생각했지."

"물건을 파는 사람은 지금 당장 눈앞에서 현금을 받지는 않지만 신용 카드로 결제를 한 만큼 신용 카드 회사가 그 돈을 줄 거라는 믿음이 있는 거지. 그러니까 돈을 받지 않고도 물건을 주는 거야. 신용 카드 회사에서는 판매자에게 먼저 물건값을 지불하고 나중에 그 돈을 이용자에게 청구하는 거지."

"음, 그러니까 아빠가 신용 카드로 물건을 사면 가게 주인은 신용 카드 회사에서 먼저 돈을 받는 거고, 신용 카드 회사는 나중에 아빠에게 돈을 받는 거구나."

"어떻게 보면 아빠가 신용 카드 회사로부터 짧은 시간 돈을 빌리는 셈이라고 볼 수 있는 거야. 물건을 사고 나서 나중에 신용 카드 대금을 납부하기 전까지."

신용 카드에는 수수료가 있다?

"근데 아까 빚에는 사용료를 내야 한다고 했잖아. 아빠도 사용료를 내고 있는 거지? 그러면 사용료만큼 물건값을 더 비싸게 주고 사는 거 아냐?"

"좋은 지적이야. 신용 카드도 일종의 빚이니 누군가는 사용료를 내야겠지. 근데 신용 카드는 특이하게 판매자에게 돈을 받아. 그 돈을 수수료라고 해."

"돈을 빌려 쓴 사람은 아빠인데, 왜 판매자에게 수수료를 받아?"

"거기에는 몇 가지 이유가 있는데, 크게 두 가지만 설명해 줄게. 우선은 사람들이 현금으로만 거래를 한다면 신용 카드를 사용할 때보다 거래가 많이 줄어들 거야. 지갑에 항상 현금을 가지고 다녀야 하니까. 예를 들어 학교에서 놀아오는데 너무 배가 고파. 그런네 시갑에 돈이 없어. 그러면 어떻게 하겠어?"

"별 수 있나? 그냥 집에 와야지."

"그런데 신용 카드가 있으면? 그래도 그냥 집에 올 거야?"

"신용 카드가 있는데 왜 그냥 와? 먹고 와야지. 난 배고픈 거 진짜 못 참거든."

"거봐. 만약에 현금만 써야 하면 지금 예를 든 것처럼 지갑에 돈이 없어서 소비를 못 하는 경우도 많을 거야. 판매자 입장에서는 소비자가 언제 어디서든 편하게 거래를 할 수 있도록 만들어야 매출도 늘겠지? 그래서 수수료를 좀 내더라도 편하게 물건을 살 수 있게 하는 거지. 사람들이 신용 카드를 많이 쓰면 많이 쓸수록 판매자들이 더 유리한 거야."

"그렇구나. 근데 좀 어렵네. 난 그런 건 생각해 본 적도 없어."

"그리고 두 번째 이유는 물건값을 좀 더 빨리 받을 수 있기 때문이야. 판매를 하는 사람 입장에서는 물건값을 되도록 빨리 회수하는 것이 중요해. 물건을 팔고 그 대금을 빨리 받아야 그 돈으로 다른 물건을 사다가 또 판매할 준비를 하거나 직원 월급이나 임대료 같은 걸 낼 수 있겠지. 그런데 만약 신용 카드 회사가 물건값을 먼저 지불하는 게 아니라 사용자에게 돈을 받아서 판매자에게 돌려준다고 하면 그 기간만큼 현금 흐름이 없겠지? 그럼 판매자 입장에서는 당장 쓸 수 있는 돈이 없으니까 어디선가 돈을 빌려와야 할 거야. 그럴 바에는 수수료를 조금 내더라도 신용 카드 회사로부터 먼저 돈을 받는 게 아무래도 낫겠지?"

"그렇구나. 그럼 우리는 신용 카드를 많이 쓸수록 이익인 거네?"

"그렇지 않아. 너 아빠가 이전에도 돈 관리에 있어서 제일 중요한 것이 뭐라고 했지?"

"계획!"

"맞아. 신용 카드도 계획적으로 사용해야지. 그렇지 않으면 위험

해. 신용 카드는 빚이라고 했지? 만약에 빚을 제때 못 갚으면 어떻게

될까?"

"감옥에 가나?"

"그건 너무 무섭다. 대출 이자나 원금을 제때 갚지 못하면 연체료를 내야 해. 약속을 제대로 지키지 못한 데에 따른 일종의 페널티지. 그럼 연체료는 누가 낼까?"

"그것도 판매자?"

"아니. 연체료는 신용 카드 사용자가 내야 해. 신용 카드 대금을 내기로 약속한 날 돈을 못 내면 사용자가 책임을 져야지. 만약 지금 당장 돈이 없어도 나중을 생각하지 않고 신용 카드를 막 쓰면 어떻게 될까?"

"나중에 신용 카드 회사에 돈을 갚지 못하겠지."

"그치. 돈을 못 갚고 시간이 계속 흐르면 결국 부담해야 하는 연체료도 점점 더 많아지겠지? 그렇기 때문에 신용 카드를 사용할 때는 더욱더 계획이 필요한 거야. 돈이 없으면 소비를 못 하겠지. 그러면 당연히 지금 당장은 불편하고 힘들 수 있지만 미래에 대한 부담은 없어. 그런데 신용 카드를 생각 없이 쓰면 지금 당장은 편할 수도 있겠지만 그 부담이 쌓이고 쌓여서 나중에 큰 문제로 되돌아올지도 몰라. 그래서 신용 카드는 항상 신중하게 써야 하는 거야. 네가 보기에는 엄마나 아빠가 신용 카드로 쉽게 물건을 사는 것처럼 보일지 몰라도 사실 엄마랑 아빠는 그 물건을 사기 전까지 되게 많은 고민을 해. 그건 다른 사람도 마찬가지일 거야. 왜냐하면 돈이 엄청나게 많은 건 아니니까."

"엄마, 아빠가 신용 카드를 쓰는 것만 봐서 되게 좋은 줄 알았는데 꼭 그런 것도 아니구나."

빚은 꼭 나쁜 걸까?

"오늘 빚에 대해 말이 나온 김에 조금 더 이야기를 해 볼까? 빚이라고 무조건 나쁜 것도 아니고 무조건 좋은 것도 아니야. 상황에 따라서 좋은 빚이 있고 나쁜 빚도 있는 거야."

"좋은 빚과 나쁜 빚?"

"예를 들어 빚을 내서 자동차를 산다고 가정해 보자. 두 가지 상황이 있을 수 있어. 하나는 네가 나중에 취직을 했어. 그래서 기분도 낼 겸 고급 외제 차를 샀지. 모은 돈은 없었지만 대출을 받으면 충분히 살 수는 있거든. 앞으로 월급도 꾸준히 들어올 거니까 조금 무리를 하더라도 빚을 내서 자동차를 산 거야. 두 번째 상황은 조금 달라. 네가 택배 사업을 시작하려고 준비 중이야. 물론 모은 돈은 없었지. 그래서 빚을 내서 트럭을 샀어. 택배 사업으로 돈을 벌게 되면 그 돈으로 빚을 갚을 수 있다고 생각했거든. 그렇다면 이 두 가지 상황의 차이는 뭘까?"

"음, 외제 차는 꼭 필요하지는 않은데 그냥 사고 싶어서 산 거고, 트럭은 택배 사업을 하려면 꼭 필요할 거 같은데."

"맞아. 그래서 이 둘의 차이를 **소비성 빚**과 **투자성 빚**이라고 부를 거야. 소비성 빚은 말 그대로 자신의 소비를 위해 빚을 지는 거야. 자동차나 고가의 가전제품, 그리고 여행 경비 등을 충당하기 위해서 내는 빚이지. 빚을 내서라도 막상 원하는 것을 갖게 되니 만족감은 클 거야. 그렇지만 그 만족감의 지속 시간은 짧을 거고, 시간이 지나면 후회하게 되는 경우도 많아. 혹시 작년에 핸드폰 바꿔 줄 때 기분이 어땠어?"

"당연히 좋았지."

"그 좋은 기분이 얼마나 갔어?"

"음……. 글쎄, 며칠 안 간 거 같긴 하다. 옛날 핸드폰이랑 크게 다른 것 같지도 않고……."

"맞아. 핸드폰을 신제품으로 바꾸면 엄청 행복할 거 같지만 그 행복감이 얼마 못 가. 대부분의 사람이 그래. 소비를 통해 얻는 만족감은 지속 시간이 짧지. 그렇지만 빚은 어떨까? 계속해서 부담을 남겨. 왜냐하면 빚은 대출 이자에 원금 상환에 금전적인 부담이 계속 되거든. 그 빚을 다 갚기까지. 결국 기쁨은 짧지만 고통은 긴 셈이야."

"그럼 트럭은?"

"택배 사업을 하려면 트럭이 꼭 필요하겠지? 택배를 배달해야 하는데 물건을 가지고 걸어 다닌다고 생각해 봐. 하루에 배달할 수 있는

택배가 얼마 안 되니까 큰돈을 벌기 힘들 거야."

"지나가다 택배차를 보면 짐이 한가득 있던데 그걸 걸어서 옮기려면 하루종일 해도 다 못하겠네. 차는 꼭 있어야겠다."

"그치. 택배 사업을 하려면 트럭이 꼭 있어야겠지. 이런 종류의 빚을 투자성 빚이라고 해. 투자성 빚도 물론 대출 이자나 원금 상환의

부담은 있지만 앞으로 더 많은 돈을 벌 수 있도록 하는 데에 쓰이는 거야. 빚을 내더라도 화물차를 사서 택배 사업에 성공하면 대출 이자나 원금 상환 비용을 충당하고도 수입이 늘어나겠지?"

"아, 그러면 소비성 빚은 나쁜 거고, 투자성 빚은 좋은 거네?"

"대충 그렇기는 한데, 투자성 빚이라고 항상 좋은 것은 아니야. 만약에 트럭을 샀는데, 처음부터 너무 비싼 차를 사서 대출 이자랑 원금 상환을 다 할 수 없다면 어떻게 될까?"

"그러면 또 빚만 계속 쌓이는 거 아냐?"

"맞아. 그러니까 투자성 빚이라고 하더라도 꼭 **앞으로의 수익과 상환 능력을 잘 판단하고 그 안에서 빚을 지는 것이 중요해.** 목적이 아무리 좋아도 빚을 과도하게 지다 보면 나중에 부담으로 남을 수밖에 없는 거지."

빚을 내서 투자하면 어떻게 될까?

"그러면 주식 투자를 위해 빚을 지는 건?"

"아주 좋은 질문이야. 언뜻 보면 주식 투자를 하려고 빚을 지는 것은 투자성 빚이라고 생각할 수도 있을 거야. 나중에 주식 투자로 성공하기만 하면 대출 이자보다도 훨씬 높은 수익을 올릴 가능성이 있으니까. 그렇지만 주식 투자를 하기 위해서 빚을 내는 것은 좋은 선택이 아니야."

"왜? 투자에 성공해서 돈 많이 벌면 되는 거잖아. 그리고 전에 좋은 주식을 골라서 장기간 가지고 있으면 결국에는 오른다고 했잖아."

"맞아. 좋은 주식은 장기적으로 상승하기 마련이야. 그런데 계속 오르기만 하는 건 아닌 게 문제야. 단기적, 그러니까 짧은 시간만 놓고 본다면 올랐다가 내렸다가 하는 변동폭이 상당히 커. 그래서 짧게 투자를 한다면 손실을 볼 가능성도 높지."

"에이, 그러면 빚으로 주식을 산 다음에 무조건 버티면 되겠네. 그러면 돈 버는 거 아냐?"

"그런데 빚에는 '만기'라는 것이 있어."

"만기? 그게 뭐야?"

"언제까지 빚을 다 갚겠다는 약속이지. 1년 동안 빚을 쓰기로 약속하고 돈을 빌렸는데, 1년 후 주가가 폭락하면 어떻게 할 거야? 빚을 갚으려면 주식을 파는 수밖에 없는데, 주가가 엄청 하락한 상태에서 팔아야 하니까 손해를 많이 보겠지?"

"생각만 해도 끔찍한데?"

"그치. 빚에는 만기가 있기 때문에 빚을 내서 투자하게 되면 장기간 투자하기가 힘들어. 그리고 운이 좋아서 돈을 장기간 빌렸다 하더라도 중간에 생각하지 못한 문제가 생길 수도 있고. 예를 들어 갑자기 병에 걸려서 치료비로 돈이 많이 필요한 상황이 생기면 어떻게 할 거야? 추가로 빚을 낼 수 있으면 다행이겠지만 이미 빚이 너무 많아서 더 이상 빚을 질 수 없으면 주식을 팔아서라도 병원비를 내야 하잖아. 아니면 다니던 회사가 어려워져서 더 이상 월급을 받을 수 없는 상황이 생긴다면? 그러면 대출 이자를 내기도 힘들겠지? 물론 돈이 필요한 때에 마침 주가가 급등해서 주식을 팔아도 되는 상황이라면 문제가 없겠지만 그게 아니라면 손해가 더 클 수밖에 없겠지? 그러니까 빚은 양날의 검과도 같은 거야. 잘 쓰면 이득이 되지만 잘 못쓰면 독이 되기도 하는 거지."

"함부로 빚을 지면 안 되는 거구나."

"그래서 **아무리 좋은 빚이라 하더라도 소비를 할 때처럼 계획을 잘 세우는 게 중요해.** 빚을 지기 전에 반드시 어떻게 갚을 건지 충분히 생각해 봐야 하고, 단순히 상황이 좋아질 거라는 막연한 기대감을 가지고 빚을 내서는 안 되는 거지. 아까 예를 든 것처럼 안 좋은 일이 계속해서 발생할 수도 있거든. 그러니까 빚을 내야 하는 일이 생기면 항상 최악의 상황을 먼저 생각해 보고 최대한 신중하게 빚을 지는 게 중요해."

"빚에도 계획이 필요한지 몰랐네. 진짜 돈에 관한 건 다 계획이 중요하구나. 나도 돈 모을 계획을 좀 세워 봐야겠다. 빨리 돈 모아야 주식 투자를 하지."

"그래. 좋은 생각이야. 너무 조급해하지 말고 여유를 가지고 투자를 위한 돈부터 마련해 봐. 그러면 나중에 좋은 결과가 있을 거야."

"응, 알았어."

더 알아보기

신용 등급

신용이란 말 그대로 사람과 사람 사이 믿음의 정도를 의미합니다. 예를 들어 외상으로 물건을 사거나 돈을 빌린 사람이 제때 갚을 능력이 바로 신용이에요. 이러한 개개인의 신용을 표준화한 것이 바로 신용 등급입니다.

신용 등급은 그 사람의 각종 신용 거래 경험과 현재의 신용 상태를 토대로 점수를 매기고, 점수에 따라 다시 등급을 매겨서 정합니다. 총 10개의 등급이 있는데, 1등급이 가장 신용이 좋고 10등급이 가장 낮은 등급이에요.

신용 등급은 특히 금융 거래를 할 때 중요하게 사용됩니다. 만약 돈을 빌리기 위해 은행을 방문한다면, 신용 등급에 따라 대출받을 수 있는 금액과 이자의 수준이 달라져요. 신용 등급이 낮을수록 빌릴 수 있는 돈도 적어지고, 더 많은 이자를 내야 해요. 최악의 경우 금융 기관에서 아예 거래를 거부당할 수도 있습니다.

신용 등급은 짧은 시간에 변하지 않습니다. 그래서 평소에 꾸준히 관리하는 것이 중요합니다. 대출 이자나 신용 카드 대금은 물론이고 통신비나 전기 요금 같은 공과금을 제때 납부하는 것이 신용 등급 관리에 영향을 미칩니다. 또한 과도한 대출은 하지 않는 것이 좋아요. 돈을 얼마나 많이, 얼마나 자주 빌렸는지가 신용 등급에 영향을 미치기 때문입니다.

2부

친 리 림도
한 걸음부터

1. 저축과 다이어트의 네 가지 원리

목표를 정해서 무언가를 꾸준히 해 본 적이 있나요? 처음 계획을 세운 대로 목표를 잘 달성하면 좋겠지만, 시간이 지나면 슬그머니 여러 이유가 생겨서 중간에 포기하게 되는 경우도 많습니다. 그렇다고 너무 좌절만 할 필요는 없어요. 다음번에는 잘할 수 있도록 목표가 적절했는지를 돌아보고, 어떻게 하면 계획대로 할 수 있을지를 고민해 보는 게 중요합니다. 저축도 마찬가지예요. 처음부터 큰 금액을 모으기 위해 무리하기보다는 차근차근 할 수 있는 만큼만 꾸준히 하는 게 가장 좋은 방법이에요. 그럼 구체적으로 어떻게 하는 것이 좋을까요? 지금부터 같이 알아보기로 해요.

"지우야, 주식 투자 자금은 잘 모으고 있어?"

"아니, 그게 잘 안되네. 아빠가 계획이 중요하다고 해서 용돈을 받으면 제일 먼저 얼마씩 빼놓기는 하는데, 꼭 중간에 돈 쓸 일이 생기더라고. 그래서 아직 하나도 못 모았어."

"너 아빠가 돈 모으는 비법을 알려 줄까?"

"그런 게 있어? 빨리 말해 줘."

"이거는 아무한테도 이야기 안 해 주는 건데 너한테만 특별히 알려 줄게. 사실 저축을 다이어트처럼 하면 성공할 수 있어."

"에이, 그런 게 어딨어. 저축은 저축이고 다이어트는 다이어트지. 혹시 굶으면서 저축하라는 거야? 하긴 안 먹고 안 쓰면 금방 돈 모을 수 있긴 하겠네. 근데 그런 거 말고 쉬운 방법을 좀 알려 줘."

"하하. 기본적으로 다이어트랑 저축은 원리가 같다는 얘기야. 다이어트에 성공하려면 이떻게 해야 하겠어? 일단 먹어서 들어오는 킬로리보다 소비하는 칼로리가 많으면 성공하겠지? 그럼 저축은?"

"버는 것보다 적게 쓰면 성공하겠지. 너무 당연한 이야기 아냐?"

"그치. 아주 당연한 이야기지? 그런데 왜 다이어트를 결심하는 사람은 많은데 성공하는 사람은 얼마 안 될까?"

"뭐, 너무 뻔한 이야기인 건 아는데 실천이 어려워서 그런 거 아닐까? 세상에 맛있는 게 얼마나 많은데 그걸 참아야 하니까. 나는 스트레스 받을 때마다 달콤한 것을 먹어 줘야 하는데 살 뺀다고 며칠 참

았더니 너무 힘들어서 포기했어."

"맞아. 저축도 마찬가지야. 사고 싶은 거나 먹고 싶은 거 다 참으면서 돈을 아끼려고 하니까 저축도 힘든 거야. 힘들면 오래 못 가. 중간에 포기하게 되거든. 그래서 저축이든 다이어트든 원리는 쉬워도 실천이 어려운 거야. 근데 아빠가 알려 주는 네 가지만 잘 명심하면 저축이든 다이어트든 모두 성공할 수 있어. 궁금하지?"

"응, 빨리 말해 줘."

생활 습관을 바꿔라

"너 다이어트를 해야 한다고 하면 제일 먼저 뭐가 떠오르니?"

"음, 운동하고 굶는 거?"

"대부분 그렇게 생각하지. 그래서 다이어트를 하겠다고 마음먹은 사람들은 보통 운동이랑 단식에 집중해. 평소에 운동에 관심이 없던 사람들이 갑자기 나가서 뛰기 시작하고, 먹는 양도 절반 이하로 확 줄이지. 그러다 보니 고통스러울 수밖에 없어."

"그건 그래. 나도 학원 갔다 오면 소파에 누워서 게임 하는 낙으로 사는데, 바로 운동 가야 한다면 정말 괴로울 거 같아."

"그런데 사실 운동이나 굶는 것 말고 더 중요한 것이 있어. 바로 생활 습관이야. 똑같은 양을 먹어도 어떤 사람은 살이 막 찌는데 어떤 사람은 살이 안 찌잖아. 왜 그럴까?"

"원래 타고난 거 아니야?"

"뭐, 그럴 수도 있겠지. 그런데 자세히 관찰해 보면 생활 습관이 다른 경우가 많아. 많이 먹어도 살이 안 찌는 사람들을 잘 보면 보통 잠을 충분히 자고, 아침을 꼬박꼬박 챙겨 먹어. 밥 먹을 때 핸드폰이나 TV를 보지 않고 천천히 잘 씹어 먹고, 가까운 거리는 걸어 다니고, 몇 층 안 되는 높이는 엘리베이터를 안 타고 걸어 올라가기도 하고 말이야. 아, 또 있다. 물을 많이 마시기도 하지. 이렇게 별거 아닌 것처럼 보이는 사소한 습관 덕에 살이 안 찌게 되는 거야."

"그런가? 듣고 보니 그런 거 같기도 하네."

"그럼 이번에는 이런 상황을 저축에 대입해 보자. 저축이라고 하면 사람들은 대부분 금액을 얼마 저축할 수 있을지에만 관심을 가져. 그러니까 저축액에만 초점을 맞추게 되지. 너도 해 봐서 알겠지만 저축액을 따로 떼어 놓아도 그 돈이 모이지 않아. 다이어트처럼 습관을 바꾸지 않으면 결국 그 돈도 다 쓰게 마련이거든."

"맞아. 나도 안 쓰려고 하는데, 쓰던 습관이 있어서 그게 잘 안 돼. 그래서 저축하려고 빼놓은 돈도 결국 다 쓰게 되더라고."

"오, 정말 중요한 이야기를 했어."

"내가? 내가 방금 뭐라고 했지?"

"습관적으로 썼다는 말. 아빠 생각에 소비는 습관이야. 너 학원 쉬는 시간에 꼭 음료수 사 먹지? 그게 목이 말라서 사 먹는 거야?"

"아니. 그냥 애들이 먹으니 나도 사 먹는 거지. 다들 먹는데 나만 안 먹기도 그렇고."

"그런 **습관적인 소비를 찾아서 줄이는 것이 핵심이야.** 어른들도 똑같아. 어른들이 많이 하는 농담 중에 이런 말이 있어. 월급이 들어오자마자 로그아웃했다고. 그게 무슨 말인지 알아?"

"로그아웃이라, 들어오자마자 나갔다는 뜻인가?"

"맞아. 통장에 월급이 들어왔는데, 어느새 그 돈을 다 써 버리고 없다는 말이야. 근데 희한한 게 물어보면 자기는 그렇게 많이 쓴 적이 없대. 다 자기가 쓴 게 맞는데 기억을 못 하는 거야. 왜 그럴까?"

"쓴 게 너무 많아서?"

"아니. 습관적으로 썼기 때문이야. 그러니까 기억을 못 하는 거야. 습관은 누가 옆에서 따로 이야기해 주지 않는 이상 스스로 잘 인지하지 못하거든. 그래서 소비 습관 중에 잘못된 것이 있는지 꼼꼼히 찾아보는 게 중요해."

"본인은 모른다고 했는데, 어떻게 찾으면 돼?"

"**그날그날 쓴 돈을 한번 기록해 봐. 그렇게 한 달 정도 기록해 보면 어떤 식으로 소비를 하는지 알 수 있을 거야. 그리고 네가 보기에도 이건 아니다 싶은 것들을 바꿔 나가면 되는 거야.** 잘못된 소비 습관

을 바꾸지 않는 이상 새는 돈을 막을 수는 없어."

"그렇구나. 나도 이제 내가 쓴 것들을 한번 기록해 봐야겠네."

목표는 작은 것부터

"자, 생활 습관을 바꾸는 게 첫 번째 비법이고, 두 번째 비법은 **큰 목표보다 작은 목표를 세우는 거야.**"

"아니, 꿈은 크게 꾸라고 하잖아. 근데 목표가 작으면 너무 사소해 보이지 않나?"

"매년 새해가 되면 많은 사람이 신년 계획을 세우지? 넌 올해 목표 가 뭐였어?"

"음, 《해리 포터》 원서로 읽는 거였지."

"엄마가 너 그 책 다 읽으면 선물도 사 준다고 한 거 같은데 잘 읽고 있어?"

"아니, 막상 하려니까 너무 책이 두꺼워서 엄두도 못 내는 중이야. 아마 올해는 힘들 거 같고, 내년에 해 볼까?"

"사실 너만 그런 거 아니야. 대부분의 사람이 계획만 세우고 목표 달성에는 실패해. 왜 그럴까?"

"의지가 약해서 그런 거 아닐까?"

"의지가 약해서 그런 건 맞지. 근데 대다수의 평범한 사람은 의지가 약해. 그렇게 뭐든 독하게 달려드는 사람이 몇이나 되겠어. 그래서 아빠 생각에는 목표 자체가 잘못됐을 가능성이 더 크다고 봐. 너무 거창한 목표가 우리를 실패하도록 만드는 거야."

"목표가 잘못됐다고?"

"다이어트를 예로 들어 볼까? 올해 목표가 10킬로그램 감량이라고 해 봐. 너 10킬로그램을 어떻게 뺄 거야? 막막하지 않아? 그럼《해리 포터》원서 읽기처럼 막상 시작하려고 해도 엄두가 나지 않아서 아예 시작조차 못 할 수도 있어. 다행히 시작은 했다 하더라도 목표에 질려서 결국 작심삼일로 끝날 가능성도 높겠지. 그렇게 올해 실패하고 내년에도 또 다이어트가 목표가 될 확률이 높아."

"그러고 보니 엄마도 항상 다이어트가 목표였던 거 같아."

"그런데 목표를 한 달에 1킬로그램 감량으로 바꿔 보면 어떨까?"

"음, 한 달이면……. 조금만 하면 될 수 있을 거 같은데? 막 엄청 노력하지 않아도 아빠 말대로 생활 습관만 조금 바꿔도 될 수 있을 거 같아."

"맞아. 생활 습관을 바꿔서 1킬로그램을 빼고, 그 생활이 익숙해지면 다음 달에는 조금 더 바꿔서 또 1킬로그램을 뺄 수도 있겠지. 그렇게 조금조금씩 바꿔 나가면 매달 1킬로그램씩 살을 빼는 것도 그렇게 어렵지는 않을 거야. 그렇다면 저축은 어떨까?"

"저축도 목표 금액을 작게 시작하라는 거지?"

"응. 용돈의 50퍼센트를 저축하겠다는 목표는 너무 크니까 일단 10퍼센트만 저축해 보겠다고 시작하는 거야. 10퍼센트 정도면 아주 큰 부담은 아니겠지? 앞에서 얘기한 것처럼 습관을 조금만 바꾸면 충분히 가능할 거야. 그렇게 10퍼센트씩 모으는 데 익숙해지면 조금 더 노력해서 저축 금액을 늘려가는 거야. 티끌 모아 태산이라는 말 들어 봤지? 아무리 작아 보여도 쌓이고 쌓이면 엄청 큰 결실을 맺을 수 있는 거거든. 그러니까 처음부터 너무 거창한 목표를 세우는 것보다는 작게 시작할 필요가 있어."

"예전에 게임기 산다고 돈 모으다가 잘 안 돼서 중간에 포기하고 몇 달 있다가 다시 시작하고 그랬는데, 아빠 말처럼 목표를 작게 시작해서 조금씩 늘려 나갔으면 진작 게임기를 살 수 있었을 것도 같네. 듣고 보니 목표는 작게 정하는 게 좋을 거 같아."

무리하면 안 된다

"자, 이제 세 번째 비법을 알려 줄게. 세 번째 비법은 **무리하지 않는 거야.**"

"무리하지 말라고?"

"응. 두 번째 비법이 의지가 약한 대다수의 사람 대상이라면 세 번째 비법은 반대로 의욕이 넘쳐서 실패하는 사람들을 위한 거야."

"의욕이 넘쳐서 실패할 수도 있어?"

"너 다이어트에 있어서 가장 무서운 게 뭔지 알아?"

"중간에 포기하는 거?"

"아냐. 바로 요요 현상이야."

"요요 현상은 또 뭐야?"

"너 혹시 '요요'라는 장난감 기억나?"

"알지. 어렸을 때 한참 가지고 놀았잖아. 던지면 다시 돌아오는 그 장난감 맞지?"

"맞아. 요요라는 장난감에서 온 말이 요요 현상이야. 주로 짧은 시간에 몸무게를 급격히 줄인 사람들에게 많이 나타나는데, 살을 뺐다가 얼마 지나지 않아 오히려 예선보다 실이 더 찌는 현상을 말해. 우리 몸은 몸의 상태를 일정한 수준으로 계속 유지하려는 항상성*을 가지고 있거든. 그런데 단기간에 갑자기 몸무게를 감량하다 보면 우

● 항상성
생명체가 주변의 환경 변화에 관계 없이 자신의 몸 내부 환경을 안정적인 상태로 유지하려는 현상을 말합니다. 대표적인 예로 사람의 체온을 들 수 있어요. 날씨가 추울 때 몸이 덜덜 떨리는 경험을 해 본 적이 있을 거예요. 이는 우리 몸이 체온을 유지하기 위해 근육을 움직여 열을 내는 행동이에요. 이러한 항상성은 생명체의 주요 특징 중 하나로 꼽힙니다.

리 몸이 줄어든 몸무게를 자기 체중이라고 받아들이지 않아서 원래 체중으로 돌아가려고 한대. 그래서 목표 달성 후 조금만 식사량을 늘리거나 운동량을 줄여도 급격히 몸무게가 늘어나는 거지."

"뭐야, 그럼 다이어트를 하나 마나 아니야?"

"그래서 다이어트를 잘하려면 요요 현상이 오지 않도록 하는 게 중요해."

"그럼 시간을 가지고 천천히 살을 빼면 되는 거지?"

"그것도 중요하지만 일단 목표를 달성했다고 마음이 풀어지면 안 돼. 몸이 줄어든 몸무게를 자신의 진짜 몸무게로 인식할 때까지 몸무게를 유지해야 하거든. 보통 3개월은 지나야 몸이 자기 몸무게를 인식한다고 하더라. 근데 문제는 다이어트를 하려면 엄청난 인내가 필요한데, 이런 인내심을 장기간 유지하기는 더 어려운 거지. 그래서 다이어트를 하는 사람들이 고통스러워하는 거야."

"아, 그래서 무리하지 말라는 거구나. 뭐든지 꾸준히 가는 게 중요한 것 같아."

"저축도 마찬가지야. 너 '지름신'이라고 들어 봤어?"

"지름신?"

"너 '지르다'라는 말 알아?"

"알지."

"'지르다'라는 말하고 '신'이라는 말이 합쳐져서 만들어진 단어가 지

름신인데, 사고 싶은 것이 있으면 생각 없이 바로 사게 만드는 상황을 가리켜서 '지름신이 강림했다.'고 표현해. 저축도 무리하게 하다 보면 어느 순간 지름신을 한 번씩 만나게 되지."

"무조건 참고 인내하는 것도 안 좋은 거네."

"사실 한 번의 결심으로 인생을 바꾼 사람은 거의 없어. 왜냐면 그 정도로 자기 삶을 바꾸기 위해서는 죽다 살아난 정도의 큰 충격이 필요하기 때문이야. 그만큼 절박하지 않다면 한 번에 삶을 바꾸는 건 정말 어려운 일이야. 물론 일시적으로는 효과를 볼 수 있겠지. 그런데 지속하지 못하면 다시 예전의 모습으로 돌아가게 되어 있어. 저축도 마찬가지야. 저축을 잘하려면 꾸준함이 필요해. 저축은 100미터 달리기가 아니라 마라톤에 가깝거든."

"알겠어. 뭐든지 꾸준한 게 중요하구나."

스트레스를 잘 관리하라

"자, 이제 마지막 비법이야. 마지막은 바로 **스트레스를 잘 관리하는 거야.** 스트레스 잘 알지?"

"그럼. 나도 공부 때문에 스트레스 많이 받아."

"하하. 공부하느라 고생이 많아. 근데 다이어트를 하는 사람들도 스트레스를 많이 받아. 하고 싶은 것들을 참아야 되니까. 스트레스를 받으면 우리 몸에서 코르티솔이라는 호르몬이 나온다고 하거든? 근데 이 호르몬이 많이 나오면 식욕이 왕성해지면서 과식을 하게 된다는 거야. 다이어트를 하다가 스트레스를 받고, 스트레스를 받아서 갑자기 폭식을 하게 되고, 그러니까 또 살이 찌고, 살이 찌니까 또 스트레스를 받고……. 완전 악순환이지? 그래서 다이어트를 할 때는 스트레스 관리도 중요해."

"그럼 저축은?"

"마찬가지야. 스트레스는 우리의 소비에 어떤 영향을 줄까? 요즘 유행하는 말 중에 홧김비용, 탕진잼, 쓸쓸비용이라는 말이 있어."

"그게 뭔데?"

"홧김비용은 스트레스 때문에 홧김에 지출했다고 해서 쓰는 말이고, 탕진잼은 소소하게 낭비하는 재미를 얘기하는 거야. 쓸쓸비용은 외로움과 쓸쓸함을 달래기 위해 소비를 한다는 얘기지. 이런 단어의 공통점이 뭘까?"

"안 써도 되는 소비를 했다는 건가?"

"비슷해. 이런 말들은 감정으로 소비를 한다는 얘기야. 아빠가 돈 관리에 있어서 제일 중요한 것이 뭐라고 했지?"

"계획. 이제는 확실히 알지."

"그치. 근데 이런 소비는 계획과는 거리가 멀어. 주로 스트레스 때문에 충동적으로 하게 되는 소비야. 이렇게 충동적으로 소비를 한다면 어떻게 될까?"

"나중에 고생하겠지."

"맞아. 그러니까 평소에 스트레스를 잘 관리하는 것이 중요해. 그래서 스트레스를 해소할 수 있는 방법을 찾아야 해. 운동을 하거나 악기를 연주하는 취미도 좋고, 친한 친구들이랑 수다를 떨면서 **좋은 방향으로 스트레스를 풀 수 있는 방법**을 생각해 둘 필요가 있지."

"나도 스트레스 받을 때 친구들이랑 게임 하면 좀 나아지는데."

"하하. 지금까지 아빠가 얘기한 네 가지 비법을 잘 명심해 둬. **생활 습관을 바꿔라, 작은 목표를 세워라, 무리하지 마라, 스트레스를 관리해라.** 이렇게 네 가지만 잘 알고 있으면 다이어트 할 때나 저축할 때나 성공할 수 있을 거야.

"응, 사실 그렇게 어려운 것들이 아니라 도움이 많이 될 거 같아. 근데 그 얘기는 공부할 때도 적용할 수 있을 거 같은데?"

"도움이 됐다니 다행이네, 하다가 궁금한 점 있으면 물어보고. 알았지?"

"응, 알았어. 고마워."

더 알아보기

쇼핑 중독

물건을 사고 싶다는 충동을 제대로 조절할 수 없는 상태를 쇼핑 중독이라고 부릅니다. 쇼핑 중독 상태가 되면 물건을 사는 것에 과도한 집착을 보이면서 필요 없는 것도 마구 구매하는 경향이 있어요.

쇼핑 중독에 빠지게 되는 원인으로는 심리적인 부분이 큽니다. 스트레스, 우울증, 애정 결핍, 자신감 결여 등으로 무언가 허전하다고 느낄 때 물건을 구매하면서 그 허전함을 채우고자 하는 일이 반복되면 자기도 모르게 쇼핑 중독 상태가 될 수 있기 때문입니다. 하지만 정신적인 공허함을 물건으로 채울 수는 없습니다. 무언기를 사는 순간에는 잠시나마 허전함이 채워진다고 느낄 수는 있어도 금세 예전의 감정으로 되돌아가게 될 거예요. 심리적인 문제를 물질적인 것으로 해결하려고 하면 상황은 계속 악화되기만 합니다.

쇼핑 중독을 치료하기 위해서는 자신의 상황을 냉철하게 바라보고 문제의 원인을 찾는 것이 중요합니다. 삶에 활력을 줄 수 있는 건전한 취미 생활을 하는 것도 큰 도움이 됩니다.

2. 목돈은 어떻게 만들지?

저축을 하다 보면 어느 순간 혼자 하기가 쉽지 않다고 느낄 수 있어요. 그럴 때 도움을 줄 수 있는 곳이 바로 은행이에요. 은행의 다양한 상품을 잘 활용하면 편리하게 원하는 만큼 저축할 수 있어요. 그중에서도 목돈을 만드는 데 적합한 적금은 수많은 사람이 쓰고 있는 저축 방법이에요. 그런데 적금도 여러 종류가 있기 때문에 어떤 적금이 나에게 적당할지 요리조리 따져 보고 가입해야 해요. 이번에는 은행의 대표적인 금융 상품인 적금과, 은행에 돈을 맡기면 받을 수 있는 이자에 대해 알아보기로 해요.

"지우야, 무슨 일이야. 왜 이렇게 표정이 안 좋아?"

"아까 엄마랑 은행 갔다 왔어."

"오, 재미있었겠는데? 가서 뭐 했는데?"

"적금 통장 만들었어."

"근데 왜 기분이 그래?"

"귀찮게 무슨 통장이야. 그냥 지갑에 잘 모아 두겠다고 했는데 엄마가 직접 가서 만들어 보자고 하더라고."

"엄마 말이 맞는 거 같은데? 엄마가 혼자 가서 통장을 만들어 올 수도 있지만 네가 직접 가서 은행이 어떤 덴지 구경도 하고 통장도 만드는 게 좋은 거 같은데?"

"그게 나쁘다는 건 아닌데, 거기 갔는데 사람들이 엄청 많은 거야. 그래서 내가 한 시간을 넘게 거기서 기다렸어. 한 시간 동안 얼마나 지루했는지 알아?"

"아, 오래 기다려서 짜증이 난 거로구나."

"응, 근데 오늘 정말 재수 없었던 게, 핸드폰을 안 가지고 간 거야. 엄마가 빨리 나오라고 해서 급하게 나가다 핸드폰을 책상에 놓고 간 거야. 마침 엄마 것도 배터리가 얼마 없어서 아무것도 못하고 그냥 앉아 있었어. 집에 있었으면 게임을 하거나 노래라도 들을 수 있었는데. 정말 짜증 났어."

"기다릴 수도 있지. 덕분에 은행이 어떤 곳인지 경험해 봤잖아. 직접 은행에 가 보니 뭐가 좋았어?"

"음, 거기서 일하는 누나가 엄청 친절해서 좋았어. 날 보더니 오래 기다리느라 고생했다며 초콜릿도 줬어. 내가 그 초콜릿 때문에 얌전히 있긴 했지."

"그분이 너 얼굴에 '나 화났어요.'라고 크게 써 놓은 걸 봤나 보네. 그래서 적금은 어떤 걸로 했어? 너 매달 적금하기에는 좀 부담이 있을 거 같은데?"

"매달 돈 낸다고? 아닌데. 그냥 돈 생기면 가서 입금하면 된다고 했는데."

"아, 자유 적금으로 했구나."

"자유 적금? 적금도 종류가 여러 가지야?"

"적금은 크게 두 가지 종류가 있어. 매달 정해진 날짜에 정해진 금액을 넣어야 하는 정기 적금®이 있고, 돈이 생기면 아무 때나 원하는 만큼 넣을 수 있는 자유 적금®이 있지."

정기 적금과 자유 적금

"그러면 자유 적금이 좋은 거 아냐? 매달 똑같은 돈을 넣어야 한다면, 돈이 없는 날에는 어떻게 해? 너무 부담스럽다."

"그렇지. 물론 자유 적금이 정기 적금보다는 편하고 좋지. 근데 적금의 목적에 대해서도 생각해 봐야 해. 적금의 목적이 뭘 거 같아?"

"돈 모으는 것."

"그래. 그러면 그 목적에는 어떤 게 더 적합할까? 매달 꾸준히 일정한 금액을 모을 수 있는 정기 적금과 돈이 생겼을 때나 생각이 날 때 통장에 돈을 넣을 수 있는 자유 적금, 둘 중 뭐가 목돈을 마련하는 데 좋을까?"

"음, 아무래도 매달 일정 금액을 넣는 게 좋긴 하겠다. 그런 조건이 없으면 돈을 못 모을 수도 있을 것 같아."

"그렇지. 게다가 매번 본인이 돈을 통장에 넣어야 한다면 돈을 넣을 때마다 '이번에는 얼마를 넣을까?' 하고 고민하겠지. 그러다 보면 돈이 좀 부족해 보이는 달은 그냥 넘어가겠지? 아니면 깜빡하고 돈을 넣지 않고 지나가는 달도 생길 수도 있고."

"목돈을 마련하기에는 정기 적금이 좋겠네. 근데 엄마는 왜 정기 적금이 아니라 자유 적금으로 만들어 줬을까?"

 ● **정기 적금과 자유 적금**
적금은 돈을 적립하여 목돈을 만드는 금융 상품입니다. 가입할 때 정한 기간이 끝나면 그동안 적립한 돈과 그에 따른 이자를 돌려받게 됩니다. 돈을 적립하는 방식에 따라 두 가지로 나누는데, 매달 일정한 금액을 정기적으로 적립하는 것을 정기 적금이라 하고, 금액이나 횟수에 관계 없이 돈을 적립하는 것을 자유 적금이라 합니다.

"네 용돈이 넉넉하지는 않으니까 매달 일정한 금액을 넣는 게 쉽지는 않을 거야. 그러니까 평소에 최대한 아껴 쓰고 남는 돈을 조금씩 모아서 한 번에 넣으라고 그렇게 했겠지. 그리고 생일이나 명절 때 어른들한테 용돈으로 받는 돈도 있잖아. 그런 것도 넣어 두면 좋지. 정기 적금은 직장인들처럼 매달 현금 흐름®이 일정한 사람들한테 좋아. 얼마를 벌고 얼마를 쓰는지 거의 정해져 있으니 매달 얼마를 저축할 수 있을지 예상하기 쉽거든. 근데 자유 적금은 사업을 하는 사람처럼 현금 흐름이 좀 불규칙한 사람들한테 좋지. 만약 네가 아이스크림 가게를 한다고 생각해 봐. 여름에는 돈을 많이 벌 수 있겠지만 겨울에는 장사가 잘 안되겠지? 이런 사람들은 상황에 맞춰 자유 적금을 하는 것이 더 나을 수 있어."

"그럼 자유 적금은 처음에 한 번 돈을 넣고 더 이상 안 넣어도 되는 거야? 돈을 모으려고 시작했는데, 그 이후에 상황이 안 좋아서 계속 못 넣을 수도 있는 거잖아."

"맞아. 자유 적금은 한 번만 넣고 더 이상 돈을 넣지 않아도 상관없어. 매달 돈을 넣는 것이 부담스러워 적금을 안 하는 사람도 많은데, 자유 적금으로 하면 그런 부담이 많이 줄어들겠지?"

"결국에는 자기 상황에 맞는 상품을 고르는 것이 중요하구나."

"응, 그런데 자유 적금도 정기 적금처럼 활용할 수 있어."

"어떻게?"

"자동 이체*를 하면 되지. 너 자동 이체가 뭔지 알아?"

"몰라."

"자동은 알아서 해 준다는 말이잖아. 그리고 이체는 돈을 옮긴다는 말이야. 그래서 자동 이체는 때가 되면 이 통장에서 저 통장으로 알아서 돈을 옮겨 주는 서비스를 말해."

"입출금 통장에 돈을 넣어 두면 알아서 적금 통장으로 옮겨 주는 거구나."

"그렇지. 정기 적금이나 자유 적금 모두 자동 이체가 가능해. 그러니 입출금 통장에 돈을 넣어 두면 알아서 옮겨 주겠지?"

"그러면 정기 적금이나 자유 적금이 똑같은 거잖아."

"응, 대신 자유 적금은 매달 자동 이체 신청한 금액 이외에 원하면 더 자주, 그리고 더 많이 넣을 수 있다는 장점이 있지. 그러니까 매달 이 정도는 확실히 모을 수 있겠다고 생각되는 금액은 자동 이체로 입금하고, 추가적으로 생기는 돈은 직접 넣으면 좋지."

"그러면 여러모로 자유 적금이 더 좋은 거 같네."

● **현금 흐름**
일정한 기간 동안 돈이 들어오고 나가는 것을 말합니다.

● **자동 이체**
은행 계좌에서 다른 계좌로 반복해서 돈을 보내는 업무를 자동화한 것을 말합니다. 정기적으로 특정한 계좌에 돈을 보낼 일이 있을 때 사용합니다.

돈을 맡기면 이자를 받는다고?

"꼭 그렇지도 않아. 보통은 정기 적금이 자유 적금에 비해 이자율°
이 높거든. 아 맞다, 이번에 적금 이자율은 몇 퍼센트야?"

"이자율? 그게 뭐야?"

"이자율을 모를 수 있겠구나. 그럼 이것부터 설명해 줄게. 은행에
돈을 맡기면 이자를 받을 수 있어. 이자는 네가 모은 돈에 추가적으
로 주는 돈을 말해."

"은행에서 내 돈을 맡아주는데 돈까지 준다고? 왜?"

"너 저번에 아빠랑 빚에 대해 이야기한 거 기억나?"

"기억나지."

"은행의 주된 역할 중에 하나는 사람들이 맡긴 돈을 가지고 돈이
필요한 사람들에게 빌려주는 거야. 너처럼 은행에 돈을 맡긴 사람들
의 돈을 다른 사람에게 빌려주는 거지. 너는 은행에 돈을 맡긴다고
생각하겠지만, 은행 입장에서는 너에게 돈을 빌리는 거나 마찬가지
거든. 돈을 빌릴 때는 그에 대한 대가를 지불해야 하잖아."

"응, 그게 이자였던가?"

"그렇지, 이자. 기억력이 아주 좋네. 그 이자를 결정하는 게 바로 이
자율이야. 너 통장 줘 볼래?"

"여기."

 ● 이자율

돈을 빌린 사람이 그 돈을 사용한 대가로 내는 돈을 이자라고 하며, 빌린 돈에 대해 이자를 얼마나 줄 것인지의 비율을 이자율이라고 합니다. 이자율은 보통 1년을 기준으로 이야기하며, 퍼센트(%)로 표시합니다. 예를 들어 100만 원에 대한 이자율이 10퍼센트일 때, 100만 원을 1년 동안 사용하면 이자로 10만 원을 내야 합니다.

"여기 보면 4%라고 써 있네. 만약 네가 1년 동안 100만 원을 은행에 맡긴다면 100만 원의 4퍼센트, 즉 4만 원을 이자로 은행이 너에게 주는 거야."

"그럼 이자율은 은행마다 다 똑같아?"

"아니. 이자율은 은행마다 달라. 그리고 같은 은행이라도 어떤 상품이냐에 따라 달라져. 그러니 은행에 돈을 맡기기 전에 이자율을 비교해 보는 것도 좋은 방법이야. 조금이라도 이자율이 높은 곳에 돈을 맡겨야 나중에 이자를 더 많이 받을 수 있으니까 좋겠지? 참고로 이자율은 보통 1년을 기준으로 말하는 거야."

"왜 1년이야?"

"사람들이 이자율은 1년을 기준으로 표시한다고 정한 거야. 왜 이런 기준을 정했을 거 같아?"

"기준이 없으면 모호해서?"

"그렇지. 만약에 기준이 제각각이라면 헷갈리겠지? 이자율이 똑같이 2퍼센트라고 해도 어떤 은행에서는 1년을 기준으로 말하고, 어떤 은행에서는 3년을 기준으로 말하면 이자율을 볼 때마다 일일이 기준이 뭔지 찾아봐야 하잖아. 그래서 기준을 1년으로 통일한 거야. 그럼 문제. 이자율이 4퍼센트면 은행에 100만 원을 6개월 맡겼을 때 받을 수 있는 이자는 얼마일까?"

"음. 1년 맡기면 4만 원인데, 기간이 절반이니 2만 원."

"정확해. 이자율은 기간에 따라 나누거나 곱하면 돼. 만약 기간이 6개월이라면 4퍼센트의 절반인 2퍼센트의 이자를 받을 수 있고, 만약 2년이라면 4퍼센트의 두 배인 8퍼센트의 이자를 받을 수 있어."

"근데 4퍼센트면 이자가 너무 적은 거 아냐? 한 10퍼센트는 줘야 해 볼 만한데."

적금과 저금통의 차이는?

"하하하, 이자율이 너무 낮긴 하지? 그래도 우리는 적금을 무시하면 안 돼. 아까도 말했듯이 적금은 목돈을 만들기 위해서 꼭 필요한 상품이거든."

"받을 수 있는 이자가 적으면 내가 그냥 집에서 저금통에 돈을 모으나, 은행에서 적금으로 모으나, 무슨 차이야?"

"이자율이 낮으면 적금을 통해서 얻을 수 있는 이자가 얼마 안 되는 게 사실이긴 해. 하지만 중요한 건 목표한 만큼 돈을 모으려면 저금통이나 일반 입출금 통장을 쓰는 것보다 적금을 하는 게 성공할 가능성이 높아."

"왜? 무슨 차이인데?"

"아빠가 예를 하나 들어 볼게. 네가 학교 끝나고 집에 오는 길에 스포츠 용품 매장에서 아주 근사한 축구화를 하나 발견했어. 마음에 쏙 든 거지. 집에 있는 축구화를 못 신을 정도는 아니지만 그래도 바꿀 때가 된 거 같아. 가격도 보니까 지금 세일을 하고 있어서 그렇게 비싸지 않다는 생각도 들었어. 여기서 질문. 이런 상황에서 그동안 집에 모아 둔 돈이 생각난 거야. 그러면 넌 어떻게 하겠어?"

"음. 아무래도 엄마한테 걸리면 혼나겠지? 그래도 가격도 싸고, 내마음에 꼭 들었다면 살 수도 있을 거 같아."

"그럼 가능성으로 따진다면? 혼나겠다는 마음이 크면 안 살 테고, 그럼에도 불구하고 사고 싶다면 사겠지?"

"그럼 50퍼센트 정도? 그 상황이 안 돼서 모르겠지만 마음은 반반인 거 같아."

"아무래도 그렇겠지? 그럼 다시 질문할게. 상황은 아까와 동일한데 돈이 있는 곳만 달라. 이번에는 저금통이 아니라 은행 적금 통장에 돈이 있어. 물론 금액은 아까와 같아. 그리고 네가 원하면 적금을 깨서 돈을 찾을 수도 있겠지. 그런데 적금을 깨려면 은행에 가야 해. 너 기억나? 적금 통장 만들 때 한 시간이나 기다린 거. 축구화를 사기 위해서는 집에서 통장을 찾아서 은행에 가고, 은행에서 한 시간을 기다려서 적금을 해지해야 해. 상황이 이렇다면 너는 그래도 축구화를 사겠어?"

"뭐 이렇게 복잡해? 그냥 안 사는 게 나을 거 같아."

"그렇지? 집에 돈이 있을 때는 반반이라고 했는데, 은행에 가서 한 시간을 기다려서 통장의 돈을 찾아야 한다고 이야기했더니 금방 포기했지? 왜 포기한 거야?"

"축구화가 마음에 들어도 그렇게까지 귀찮음을 감수하면서 사야 하는 건지는 모르겠어. 있으면 좋고 없어도 상관없는데 뭐."

"그게 바로 아빠가 하고 싶은 이야기야. **돈을 모으고 싶다면 쓰기 어렵게 만들 필요가 있어.** 아빠가 생각할 때 요즘 사람들이 돈을 못 모으는 이유 중 하나는 돈 쓰기가 너무 쉽기 때문이야."

"돈 쓰기가 너무 쉽다니?"

"집에 돈이 있으면 축구화를 보고 구매하기까지 3단계면 충분해. 축구화를 보고 사고 싶다는 생각이 든다. 집에 가서 저금통에서 돈을 꺼낸다. 그리고 매장에 가서 축구화를 산다. 근데 돈이 적금 통장에 있다면 단계가 하나 더 추가되겠지?"

"은행에 가서 돈을 찾는 과정?"

"응, 이렇게 단계가 하나씩 추가될 때마다 돈을 쓸 가능성은 줄어들어. 네 말대로 귀찮거든. 너 아빠랑 엄마랑 쇼핑하러 갔다가 사 달라는 것들 있지? 옷이나 신발, 게임기 같은 거. 근데 엄마, 아빠가 그런 것들 잘 안 사 주잖아. 그러면 그 자리에서는 막 속상해하지만 다음날에도 계속 생각나고 그래?"

"그건 아니지. 단지 그 순간 너무 속상할 뿐이지."

정말 나에게 필요한 물건일까?

"세상에는 우리가 생활하는 데 있어 꼭 필요한 게 있어. 쌀이나 라면, 치약, 칫솔 같은 것들. 이런 건 반드시 사야 해. 근데 꼭 필요하지 않은 것들도 많아. 그런 것들은 눈앞에 있으면 뭐에 홀린 것처럼 사야 할 것 같지만 시간이 지나 생각해 보면 그렇게까지 꼭 사야 할 물건들은 아니거든. 엄마, 아빠는 그런 걸 알고 있으니까 같이 쇼핑할 때 네가 사 달라고 해도 객관적으로 생각해서 한 번 걸러 주는 거야. 그런데 너 혼자 쇼핑할 때는 어떨 거 같아?"

"음, 돈이 있으면 그냥 사겠지?"

"응. 그래서 단계를 복잡하게 만들어서 계속 그걸 사는 게 맞는지 생각하도록 만드는 것이 중요해. 그 과정이 길면 길수록 꼭 필요하지 않은 물건을 안 살 가능성이 높아지거든. 그래서 적금이 목돈을 마련할 가능성을 높여 주는 거야."

"아, 알겠다. 돈이 있어서 뭐든 사려고 해도, 은행에 가서 돈을 찾는 그 귀찮음을 극복할 정도가 아니라면 사는 것을 포기하겠네. 맞지?"

"맞아. 그래서 아빠 생각에는 돈을 모으고 싶다면 적금을 활용하는 게 좋은 방법이라 생각해. 중간에 불필요하게 돈을 쓰는 일을 막아 주거든. 덤으로 이자도 생기고 좋잖아?"

"오늘 은행에서 오래 기다린다고 엄마한테 짜증 냈는데, 괜히 미안해지네. 이따 엄마한테 사과해야겠다."

"좋은 생각이야. 가족처럼 가까운 사이일수록 미안한 일은 미안하다고 직접 이야기하는 게 중요해. 가족이라고 다 이해해 줄 거라 생각하는 건 잘못이야. 이따 엄마 오면 꼭 사과해. 알았지?"

"응, 꼭 사과할게. 걱정 마."

기준 금리

'금리'란 이자율과 같은 의미의 말입니다. 그런데 금융 기관은 이자율을 어떻게 정할까요? 그때그때 마음대로 정한다면 굉장히 혼란스러워질 거예요. 그래서 금융 기관은 일정한 기준에 따라 이자율을 조정하는데, 이때 기준이 되는 것이 바로 기준 금리입니다.

기준 금리는 한 나라를 대표하는 금리입니다. 우리나라에서는 한국은행이 이 기준 금리를 정하는 역할을 하고 있어요. 만약 한국은행이 기준 금리를 올리거나 내리면 모든 금융 기관이 이를 반영해서 각종 금융 상품의 금리를 올리거나 내리게 됩니다.

그럼 한국은행은 왜 기준 금리를 올리거나 내리는 걸까요? 물가를 안정시키면서 경제를 건전하게 성장시키기 위해서입니다. 물가가 안정적으로 관리되어야 돈의 가치를 지킬 수 있고, 사람들이 안심하고 경제 활동을 할 수 있습니다.

만약 기준 금리를 내리면 돈이 필요한 사람이나 회사들이 이전보다 적은 부담으로 돈을 빌릴 수 있습니다. 그러면 소비와 투자가 늘어나면서 경제 성장률이 올라갑니다. 하지만 물가도 함께 올라가는 부작용이 있습니다. 반대로 기준 금리를 올리면 물가는 안정되지만 소비와 투자가 줄어들면서 경제 성장률이 낮아집니다. 이밖에도 기준 금리는 주식, 부동산, 환율 등 여러 가지 경제 지표에 영향을 줍니다. 그렇기 때문에 한국은행에서는 종합적인 상황을 고려하여 기준 금리를 정하고 있습니다.

3. 안전하게 돈을 보관하려면?

적금으로 목돈을 모았다면, 그 돈은 어디에 보관하는 게 좋을까요? 다시 집으로 가져와서 저금통에 넣으면 여러모로 번거롭기도 하고 큰돈을 가지고 있으려면 불안하기도 할 거예요. 이런 경우 그 돈을 다시 은행에 맡겨 놓는 방법이 있습니다. 은행에 돈을 맡기는 것을 예금이라고 하는데, 은행에는 필요에 따라 골라서 가입할 수 있는 여러 가지 예금 상품이 있어요. 앞에서 살펴봤던 적금도 사실은 예금의 한 종류랍니다. 여기서는 대표적인 예금 상품인 보통 예금과 정기 예금에 대해 알아보기로 해요.

"이 많은 동전은 다 어디서 난 거야?"

"그동안 모아 뒀던 돼지 저금통을 깼지."

"잘됐다. 그럼 오늘 아빠랑 이 돈으로 치킨 사 먹자."

"안 돼. 이거 다 내 거야."

"무슨 소리야. 그거 우리 가족 다 같이 모은 거잖아. 아빠도 동전이 생길 때마다 전부 저금통에 넣었단 말이야. 기여도로 따지면 아마 아빠가 절반 정도는 될걸?"

"몰라, 난 엄마한테 허락받았어. 이번에 시험 잘 봐서 엄마가 소원 들어준다고 했는데, 이거 나 달라고 했어. 그리고 나도 돈 생기면 열심히 저금통에 넣었거든? 금액은 아빠보다 적을지 몰라도 내가 1,000원 넣은 거랑 아빠가 1,000원 넣은 거랑 가치가 다르잖아. 아빠한테 1,000원은 적은 돈일지 몰라도 나한테는 엄청 큰돈이라고. 그러니까 이거 내가 가질 자격은 충분히 된다고 생각해."

"그래, 알았다. 시험 잘 봐서 상으로 받았다니 아빠가 양보하마. 근데 그 돈으로 뭐 할 거야?"

"생각 중이야. 사고 싶은 건 많은데, 뭘 해야 좋을지 모르겠네."

"나중에 뭘 살지는 모르겠지만 그 많은 동전을 들고 가서 사는 건 아니지?"

"그건 좀 아니겠지? 그럼 이걸 다 어떻게 하지?"

"은행에 예금해. 나중에 필요할 때 꺼내 쓰면 되잖아."

"이거는 내가 원하는 거 살 돈이란 말이야. 지금 통장에 넣어 두면 일 년 뒤에나 찾을 수 있잖아. 그건 안 돼."

"아, 너 지금 예금이 무슨 말인지 모르는구나. 맞지?"

"예금이 뭔데? 난 그냥 저번에 만든 적금 통장에 넣어 두라고 한 줄 알았지."

"아니거든. 너 은행에서 얼마 전에 만든 적금 통장 말고도 통장이 하나 더 있잖아. 아주 어렸을 때 만들었던 입출금 통장 기억 안 나? 통장 겉표지에 뽀로로 그려진 거."

"아, 기억난다. 통장이 하나 또 있구나."

"거기에 넣자고."

"아, 그럼 처음부터 입출금 통장에 돈을 넣자고 하지 왜 예금을 하라고 해? 사람 헷갈리게."

"미안, 아빠가 너무 어려운 말을 한 거 같다. 그건 그렇고 말 나온 김에 아빠랑 예금이 뭔지 좀 더 알아볼까?"

"나 바쁜데. 그럼 이따 이 돈 가지고 은행 갈 때 아빠가 같이 가 줄 거야? 이거 너무 무거우니까 아빠가 좀 들어 주면 좋을 것 같아."

"그 정도쯤이야. 알았어. 같이 가 줄게."

"알았어. 그럼 얘기해 줘."

예금, 은행에 돈을 맡기는 일

"예금은 쉽게 얘기해서 은행에 돈을 맡기는 거야. 그런데 사람들은 왜 은행에 돈을 맡길까?"

"이자를 주잖아. 내가 뭐 특별히 일하지 않아도 이자가 생긴다면 좋은 거 아냐?"

"그렇지. 그런 이유도 있을 거야. 하지만 그게 다는 아니야. 사람들은 다양한 이유로 은행에 돈을 맡겨."

"어떤 이유로?"

"은행에 돈을 맡기면 다른 사람에게 돈을 보내거나 받을 때 좀 더 편리하거든. 예를 들어 부산에 있는 할아버지께 100만 원을 보내려면 어떻게 해야 할까?"

"음, 할아버지 댁에 갈 때까지 기다렸다가 드리면 되는 거 아냐?"

"그런데 만약에 할아버지께서 급하게 필요한 돈이라고 하면? 예를 들어 갑자기 병원비를 내야 한다면 어떻게 하지?"

"그럼 겸사겸사 할아버지를 한번 찾아가면 되겠네. 할머니가 해 주시는 음식이 얼마나 맛있는데, 또 부산 가면 여기서 못 먹는 맛있는 음식도 많잖아. 아, 빨리 가고 싶다."

"갈 수 있다면 다행이겠지만 만약에 시간이 없어서 가기 어렵다면 참 난처하겠지? 그런데 은행에 요청하면 할아버지 통장으로 바로 돈

을 보낼 수 있어."

"은행에서 돈도 보내 줘?"

"은행은 사람들이 맡긴 돈을 가지고 돈을 필요한 사람들에게 빌려 주는 역할도 하지만 여러 가지 거래를 쉽게 해 주거든. 대표적으로 **원하는 사람의 통장에 돈을 입금해 주는 역할**을 해. 이걸 **송금**이라고 하지."

"그러니까 우리가 직접 부산에 안 가도 은행에서 할아버지께 돈을 보내 준다는 거야?"

"응. 은행에 입출금 통장을 가지고 있으면 우리나라뿐만 아니라 다

른 나라에 있는 사람들한테도 돈을 보낼 수 있어. 다른 사람들하고

돈을 주고받는 일이 많은 사람은 일단 은행에 돈을 맡겨 놓고 필요할

때마다 돈을 보내고 받는 게 편하겠지?"

"응. 은행이 하는 일이 많구나."

"이 밖에도 많아. 예를 들어 집에 큰돈을 보관하면 나중에 도둑이 들어서 다 훔쳐갈 수도 있으니까 불안하겠지? 그래서 안전하게 돈을 보관하려고 은행에 맡기기도 해. 그리고 너처럼 목돈을 만들려고 은행에 돈을 맡기는 사람들도 있어. 이렇게 은행에 돈을 맡기는 이유는 아주 다양해. 그러면 은행 입장에서는 어떨까? 다양한 이유를 모두 충족시켜 주려면 예금에도 종류가 많아야 하지 않을까?"

"그럴 수도 있겠네. 근데 예금에 무슨 종류가 있어?"

"종류는 엄청 많지만 대표적인 건 세 가지야. 크게 봐서 **보통 예금, 정기 적금, 정기 예금**이 있지."

예금의 세 가지 종류

"그중에 내가 아는 거 있네. 적금. 지난번에 아빠랑 이야기 많이 해서 적금은 내가 아주 잘 알지."

"에이, 너 아는 게 또 있어."

"뭔데?"

"보통 예금. 보통 예금은 쉽게 말해 입출금 통장이거든."

"아, 그러면 두 개나 아는 거네. 와, 세 개 중에 두 개나 알다니. 난 대단해."

"아는 것도 있겠지만 정리하는 차원에서 각 예금별로 용도를 다시 설명해 줄게. 입출금 통장은 언제든 통장에 돈을 넣고 빼는 게 가능해. 그래서 사람들이 금방 쓸 돈을 맡겨 두는 용도로 많이 사용하지. 그리고 정기 적금은 목돈을 만드는 용도야. 여기까지는 알 거 같고. 그럼 정기 예금은 어떤 용도일까?"

"전혀 모르겠는데."

"정기 예금은 큰돈을 은행에 맡길 사용해."

"큰돈을 맡긴다? 그럼 적은 돈을 맡길 때는 적금. 큰돈을 맡길 때는 예금. 이 말이야?"

"비슷해. 아빠가 다시 한 번 정리해 줄게. 은행에 이자를 받고 돈을 맡기는 것을 예금이라 하는데, 예금은 사용 목적에 따라 종류가 다양해. **수시로 돈을 맡기거나 찾을 거면 보통 예금**(입출금 통장), **오랫동안 돈을 맡길 거면 정기 적금이나 정기 예금.** 그리고 오랫동안 맡긴다고 해도 **적은 금액을 계속 모아서 큰돈을 만들 목적이라면 정기 적금, 큰돈을 한 번에 맡길 목적이라면 정기 예금.** 이렇게 구분하면 이제 이해가 좀 돼?"

"응, 조금은 알 거 같아. 그러면 저번에 내가 가입한 적금 찾으면 그 돈으로 정기 예금을 할 수 있는 거야?"

"당연하지. 열심히 돈을 모아서 목돈을 만들었다면 정기 예금에 넣어 두는 게 좋지. 그리고 또 여유가 돼서 돈을 모으려면 새로 적금을 하나 만드는 게 일반적이야."

"그렇구나. 근데 하나 궁금한 게 있어. 은행에 돈을 맡기고 이자를 받는 게 예금이라고 했는데, 입출금 통장에 돈을 넣는 건 예금이 아니지 않아?"

"왜 그렇게 생각하는데?"

"얼마 전에 적금 만들 때 은행 누나가 입출금 통장에는 이자가 없다고 했단 말이야. 그래서 그날 입출금 통장에 있는 돈을 전부 적금 통장에 넣었어."

"아무래도 네가 한 단어를 빼고 들은 거 같은데? 이자가 없는 게 아니라 '거의' 없다고 말하는 게 조금 더 맞는 표현이야. 입출금 통장에 돈을 넣어도 이자는 생겨. 다만 이자율이 워낙 낮아서 금액이 크지 않을 뿐이야. 오랜 시간 돈을 통장에 넣어둘 거면 아무래도 이자율이 높은 적금 통장에 넣는 게 더 나아서 그렇게 설명해 준 거 같아."

왜 이자가 다르지?

"그런가? 근데 똑같이 은행에 맡긴 돈인데 왜 어떤 건 이자를 더 주고 어떤 건 이자를 거의 안 주는 거야?"

"아, 아주 좋은 질문이야. 너 은행에서 돈을 맡기면 왜 이자를 준다고 했는지 기억나?"

"기억나지. 사람들이 은행에 돈을 맡기면 은행이 그 돈을 필요한 사람들한테 빌려주면서 돈을 버는 거잖아. 그렇게 번 돈 중에 일부를 감사의 표시로 돈을 맡긴 사람들에게 나눠 주는 거 아니야?"

"맞아. 잘 알고 있네. 그러면 이렇게 생각해 보자. 만약에 네가 오늘 100만 원을 은행 입출금 통장에 넣었어. 근데 그 돈을 내일 바로 쓸 생각이야. 그러면 은행은 그 돈을 다른 사람들에게 빌려줄 수 있을까?"

"내일 쓸 돈인데 어떻게 빌려줘. 그냥 놔둬야지. 빌린 사람이 갚기 전에 내가 돈을 먼저 찾겠다고 하면 어떻게 해?"

"그래. 바로 그거야. 입출금 통장은 언제든 돈을 찾아갈 수 있는 거잖아. 그러면 아무리 입출금 통장에 돈을 많이 넣어 둬도 그 돈을 다른 사람에게 빌려줄 수 없으니까 은행 입장에서는 돈을 버는 데 별로 도움이 안 되겠지? 그래서 이자를 아주 조금 주는 거야."

"아, 그래서 은행 누나가 안 쓸 돈이면 적금 통장에 넣어 두라고 한 거였구나. 이자를 더 받을 수 있으니까."

"그렇지. 그리고 같은 정기 예금이라도 맡기는 기간이 길어질수록 이자율이 높아져."

"기간을 선택할 수도 있어?"

"물론이지. 보통은 1년 단위로 은행에 돈을 맡겨. 그래서 우리가 일반적으로 정기 적금이나 정기 예금을 한다고 말하면 1년이라 생각하는 경우가 많아. 하지만 은행에 돈을 맡기는 기간은 자유롭게 정할 수도 있어."

"그럼 한 달이나 두 달만 맡길 수도 있는 거야?"

"물론이지. 4개월, 6개월, 1년, 1년 6개월, 2년, 3년 하는 식으로 자유롭게 기간을 정할 수 있고 날짜를 지정할 수도 있어."

"2년이나 3년도 가능해? 그렇게 오랫동안? 근데 그렇게 맡겼다가 그 사이에 은행이 망하면 어떻게 해? 내 돈 다 날아가는 거 아니야?"

은행이 망하면 어쩌지?

"최악의 경우 그럴 수도 있지. 근데 크게 걱정할 필요는 없어. 은행이 망하더라도 5,000만 원까지는 예금자보호법*으로 보호받거든."

"그게 무슨 말이야?"

"혹시 은행이 망해서 돈을 너에게 돌려줄 수 없게 되면 정부가 나서서 원금과 이자를 포함해서 1인당 5,000만 원까지는 책임지고 돌려준다는 뜻이야."

"아, 그럼 안전한 거네?"

"응. 혹시 그래도 불안하면 아예 은행별로 5,000만 원 이하만 맡기면 돼."

"응? 그건 또 무슨 말이야?"

"아까 5,000만 원까지는 예금자보호법으로 보호된다고 했잖아? 근데 그 5,000만 원은 은행 한 곳에서 보호받을 수 있는 금액이거든. 만약에 1억 원이 있으면 그걸 5,000만 원씩 은행 두 군데에 나눠서 예금하면 전부 보호받는 거야."

"와, 그런 방법도 있구나."

"그럼 이제 은행 문 닫기 전에 얼른 가서 그 동전 다 예금할까?"

"알았어. 빨리 가자."

● **예금자보호법**
금융 기관에 문제가 생겨 고객이 맡긴 돈을 지급하기 어려운 상황이 생길 경우 국가가 책임지고 돈을 지급할 수 있도록 정해 놓은 법률입니다. 이 법률에 따라 평소에 금융 기관은 국가 기관인 예금보험공사에 보험료를 납부하며, 금융 기관에 문제가 생기면 예금보험공사에서 고객에게 대신 돈을 지급하게 됩니다. 단 금융 기관별로 1인당 원리금 합계 5,000만 원까지만 보장됩니다.

적금과 예금의 이자율

매달 10만 원씩을 입금해 1년 뒤 120만 원을 받는 정기 적금과, 120만 원을 한 번에 입금하고 1년 뒤에 찾는 정기 예금이 있습니다. 두 상품의 이자율이 모두 3퍼센트로 같다면, 받을 수 있는 이자의 금액도 같을까요? 언뜻 생각하면 그럴 수도 있을 것 같지만 만기에 받게 되는 이자의 금액은 꽤 차이가 납니다. 왜냐하면 이자를 계산할 때에는 입금한 총 금액이 아니라, 입금한 금액별로 은행에 맡긴 기간이 얼마나 되는지를 고려하기 때문입니다.

앞에서 이야기한 120만 원짜리 정기 예금에 가입했다면 1년 뒤에 받을 수 있는 이자는 120만 원의 3퍼센트인 3만 6,000원입니다. 120만 원 전부를 1년간 맡겼기 때문에 3퍼센트의 이자율을 전부 인정받았기 때문입니다. 물론 여기서 세금을 공제하므로 실제로 받을 수 있는 금액은 조금 줄어들 거예요.

그럼 한 달에 10만 원씩 정해진 날짜에 입금하는 정기 적금에 가입했다면 어떨까요? 정기 적금의 이자율도 정기 예금과 동일한 3퍼센트지만, 적금의 경우 납입한 금액별로 은행에 맡긴 기간에 대해 이지를 따로 계산합니다. 맨 처음 납입하는 10만 원의 경우에는 예금과 동일하게 1년 치 이자인 3퍼센트를 모두 적용하지만 만기 1개월 전에 납입하는 10만 원의 경우에는 은행에 맡기는 기간이 1개월밖에 되지 않으므로 1/12만큼의 이자만 받을 수 있습니다. 이를 표로 만들어 보면 다음과 같습니다.

입금 회차	입금액	이자 계산식	이자 금액
1회차	100,000원	100,000원 × 3% × 12/12	3,000원
2회차	100,000원	100,000원 × 3% × 11/12	2,750원
3회차	100,000원	100,000원 × 3% × 10/12	2,500원
4회차	100,000원	100,000원 × 3% × 9/12	2,250원
5회차	100,000원	100,000원 × 3% × 8/12	2,000원
6회차	100,000원	100,000원 × 3% × 7/12	1,750원
7회차	100,000원	100,000원 × 3% × 6/12	1,500원
8회차	100,000원	100,000원 × 3% × 5/12	1,250원
9회차	100,000원	100,000원 × 3% × 4/12	1,000원
10회차	100,000원	100,000원 × 3% × 3/12	750원
11회차	100,000원	100,000원 × 3% × 2/12	500원
12회차	100,000원	100,000원 × 3% × 1/12	250원
합계	1,200,000원		19,500원

결국 적금은 입금한 금액별로 은행에 맡긴 기간을 계산해 이자를 지급하므로 예금에 비해 이자 금액이 적을 수밖에 없습니다. 일반적으로 이자율이 같다면 적금의 이자는 예금의 절반 정도라고 생각하면 됩니다.

3부

투자란
무엇일까

1. 부루마블로 배우는 투자의 원리

부루마블 게임을 해 본 적이 있나요? 주사위를 던져 지구를 한 바퀴 돌면서 땅을 사고 건물을 지어 통행료를 받는 게임이지요. 그런데 부루마블을 잘하는 사람이 투자도 잘한다는 사실, 알고 있나요? 사실 이 게임은 투자를 공부할 수 있게 만들어진 게임이라고 할 만큼 실제 투자의 기본적인 내용이 잘 반영되어 있어요. 여기서는 부루마블 게임을 통해 투자의 기본적인 내용을 알아보도록 해요. 이 게임을 해 봤다면 기억을 잘 떠올려 보세요. 게임을 해 본 적이 없더라도 규칙이 간단하니까 잘 살펴보면 알 수 있을 거예요.

"아싸, 또 이겼다."

"오늘은 정말 안되는 날이네. 어떻게 두 번 다 질 수가 있지?"

"부루마불은 아빠도 나한테 상대가 안 돼. 엄마도 어제 나한테 졌어. 우리 집에서 내가 제일 잘하는 거 같아. 하하하."

"부루마불 잘하는 거 보니까 너 나중에 주식 투자도 아주 잘할 거 같아."

"무슨 말이야? 부루마불이랑 주식 투자랑 무슨 관계가 있는데?"

"응, 아빠가 생각할 때 부루마불이라는 게임 안에는 투자에 필요한 기본 원리가 다 녹아 있는 것 같아."

"정말? 그러면 나, 나중에 주식 투자로 성공할 수 있는 거야? 아싸."

"그건 그렇고 부루마불이랑 주식 투자가 어떤 점에서 비슷한지 궁금하지 않아?"

"궁금해. 빨리 알려 줘."

"그러면 아빠랑 부루마불 속에 숨겨진 투자의 기본 원리에 대해 알아볼까?"

"응."

"시작하기 전에 이야기 하나 해 줄게. 옛날에 효심이 지극한 남자가 있었는데, 어머니가 큰 병에 걸려 수술을 해야 했대. 근데 너무 가난해서 수술비를 마련할 방법이 없었대. 그래서 그 남자는 매일같이 교회의 성자상 앞에서 기도를 했대. '어머니 수술비가 필요하니 복권에 당첨시켜 주소서.'라고 말이야. 그런데 이 기도를 매일 듣던 성자상이 참다못해 사람으로 변해서 고함을 쳤대. 그 성자상이 뭐라고 했는지 알아?"

"음, 기도할 시간에 나가서 돈 벌라고?"

"아냐, 이렇게 말을 했대. '인간아, 제발 복권이나 좀 사고 기도를 해라.'"

"뭐야, 복권도 안 사고서 당첨시켜 달라고 기도만 한 거야? 바보 아니야?"

투자의 1원칙: 일단 시작하라

"여기서 제일 중요한 원리 하나. 그건 바로 **'일단 시작하라.'**야. 시작하지 않으면 아무것도 얻을 수 없어. 게임을 즐기고 싶다면 게임을 시작해야 하는 것처럼, 투자해서 돈을 벌고 싶다면 일단 투자를 시작해야지."

"너무 당연한 얘기잖아? 그걸 가지고 중요한 원리라고 할 거까지 있나?"

"그렇지, 너무나 당연한 이야기야. 그런데 사람들의 선입견 중 하나가 투자는 돈이 많은 사람이나 할 수 있다는 생각이야. 그래서 자기는 가진 돈이 많지 않으니까 아직은 투자를 할 수 없다고 생각하는 거지. 그런데 투자를 시작하려면 돈이 어느 정도 있어야 한다는 기준은 없어. 지금 가진 돈이 10만 원이든 100만 원이든 당장 시작할 수 있는 거야. 주식 중에는 한 주에 몇십만 원짜리 주식도 있지만 한 주에 몇백 원짜리 주식도 많이 있거든."

"몇백 원짜리 주식도 있다고? 그럼 나도 과자 하나만 안 사 먹으면 몇 개 살 수 있겠네?"

"응. 큰돈이 있어야 투자를 할 수 있는 건 아니야. 오히려 처음 주식 투자를 시작한다면 아무리 돈이 많더라도 작은 규모로 시작하는 게 좋아. 투자에는 항상 위험이 따르니까 처음부터 큰돈을 투자하기보다는 적은 돈으로 시작해서 경험을 많이 쌓는 게 중요해."

"맞아. 게임도 많이 해 볼수록 유리한 거 같아. 게임을 처음 하는 사람보다는 여러 번 해 본 사람이 이길 확률이 높잖아. 같은 원리지?"

"응. 경험이 많으면 어떠한 상황에서도 즉각적으로 대응할 수 있잖아. 만약 처음 하는 사람이 예상하지 못한 상황을 만나면 아무래도 당황하겠지? 대응 능력도 떨어질 수밖에 없어. 그래서 게임이든 투자든 경험이 중요한 거야. 그러니 투자금이 적더라도 개의치 말고 일단 시작하는 것이 좋아. 돈은 작게 시작해서 크게 만들어 가면 되는 거야."

"일단 시작하라. 듣고 보니 맞는 말이네."

"이제 두 번째야. 넌 보드게임을 사면 제일 먼저 뭘 해?"

"음, 포장지를 뜯지."

"그래, 포장지를 뜯어야겠지. 그럼 다음에는?"

"카드 구경하지. 설명서도 읽고."

"그래, 그거야. 설명서를 읽지?"

"당연하지. 설명서를 읽고 룰을 익혀야 게임을 하지."

"맞아. 게임의 규칙을 제대로 모른다면 게임을 즐길 수 없을뿐더러 게임에서 이기기는 더더욱 쉽지 않을 거야. 일단 게임을 하기로 마음 먹었다면 규칙부터 알아야겠지. 투자도 마찬가지야. **주식 투자를 시작하려고 마음먹었다면 기본적인 사항들에 대해서는 미리 배워야 해.** 책이나 인터넷, 유튜브를 통해서 기초적인 정보를 찾아보는 게 좋아. 그렇다고 처음부터 너무 깊이 공부할 필요는 없어. 실제로 투자를 해 보면서 공부량을 조금씩 늘려 나가면 돼."

"아니, 근데, 투자는 너무 어려운 말이 많은 거 같아. 지금 내가 혼

자 공부하기에는 좀 무리가 있는 거 아냐?"

"용어가 어렵다고 절대 겁먹을 필요 없어. 너 게임 할 때 처음부터 게임 용어들을 다 알고 시작한 건 아니었잖아. 그냥 하다 보니까 자연스럽게 익숙해진 거지. 그래서 이제는 게임 하면서 아빠한테 설명해 주잖아. 사실 아빠는 네가 이야기하는 거 반도 이해 못해. 너무 어려운 말이 많아서."

"그게 얼마나 쉬운 말인데, 그걸 이해 못해? 내가 몇 번이나 설명해 줬잖아."

"너한테는 그게 정말 자연스럽고 쉬워 보일지 몰라도 아빠 입장에서는 너무 생소해. 설명을 들어도 그때뿐이고 금방 까먹거든. 넌 게임을 하면서 계속 그런 용어들을 접하지만, 아빠는 그냥 한 번 듣고 말았기 때문이야. 근데 그런 용어들 어떻게 알았어?"

"난 친구들하고 하다 보니까 자연스럽게 배웠지. 가끔 유튜브 같은 것도 보고."

"축구를 예로 들어 보자. 같이 축구를 하는 친구들 사이에서는 핸들링, 프리 킥, 오프사이드 같은 용어들을 자연스럽게 얘기할 수 있을 거야. 그런데 축구에 관심 없는 사람들은 이런 용어들이 상당히 어렵게 느껴지겠지? 왜냐하면 축구를 보지도 않고 직접 해 볼 기회는 더더욱 없으니까 들어 본 적이 없기 때문일 거야. 투자도 마찬가지야. 투자에 필요한 용어들도 투자 경험이 늘고 조금씩 공부를 해

나가다 보면 자연스럽게 알게 될 거야. 뭐든지 처음이 제일 어려운 거니까 두려워하지 말고 계속 조금씩 해 보면 쉬워질 거야."

"그렇구나."

투자의 3원칙: 자산을 보유하라

"세 번째는 '**부자가 되고 싶다면 자산**˚을 보유하라.'야. 너 부루마불에서 이기려면 가장 중요한 것이 뭐라고 생각해?"

"당연히 땅을 많이 사는 거지. 누가 좋은 땅을 많이 가지고 있느냐에 따라 승패가 갈리니까."

"맞아. 부루마불에서는 돈을 버는 방법이 크게 두 가지잖아. 하나는 한 바퀴를 돌아 세계 여행을 마치면 받는 월급이고, 다른 하나는 땅을 사서 그 위에 건물을 짓고 다른 사람들에게 통행료를 받는 거지. 근데 월급으로 받을 수 있는 돈은 얼마 안 되지? 그래서 월급만으로는 세계 일주를 하는 데 드는 통행료 같은 걸 낼 수 없으니까 좋은 땅을 사서 건물을 지으려고 노력하는 거잖아. 그런데 만약 월급을 엄

● 자산
경제적 가치가 있는 재산을 의미합니다. 돈, 주식, 부동산 등 형태가 있는 것이 있고 저작권, 특허권 등 형태가 없는 것도 있습니다.

청 많이 준다고 가정해 보자. 지금의 10배나 20배 정도? 그래도 땅을 많이 사야 이길 수 있을까?"

"월급이 엄청 많으면 땅보다는 누가 더 빨리 한 바퀴를 돌아서 월급을 더 받는지에 따라 승패가 갈리지 않을까?"

"맞아. 그럴 수도 있겠지. 그런데 게임에서든 현실에서든 그런 일은 거의 없다고 봐. 아마도 자기가 받는 월급이 충분히 많다고 생각하는 사람은 거의 없을걸? 이건 월급이 절대적으로 많은지 적은지의 문제가 아니야. 대부분의 사람은 자기 월급 수준에 맞춰 생활이나 소비를 하기 때문에 항상 월급이 부족하다고 느낄 수밖에 없는 거야."

"많이 버는 사람일수록 많이 쓰는 거구나."

"그렇지. 그래서 게임에서든 현실에서든 부자가 되기 위해서는 적극적으로 자산을 늘려야 해. 부동산이나 주식 같은 자산 말이야. 그러려면 월급을 최대한 아껴서 돈을 모으고, 그걸 바탕으로 투자를 해야겠지? 이런 식으로 자산을 늘려 나가다 보면 결국 어느 순간 원하는 수준의 돈을 모을 수 있을 거야. 지금까지 들어 보니까 어때? 어렵지는 않지?"

"아직까진 별로 어려운 게 없는데. 벌써 끝난 거야?"

"아니, 아직 몇 개 남았어. 우리 계속해 볼까? 다음은 '**분산 투자**를 **하라**.'야. 만약에 부루마불에서 정해진 개수만큼만 땅을 사야 된다고 하면 한쪽으로 몰아서 사는 게 나을까, 아니면 여기저기 골고루 사는 게 나을까?"

"음, 아무래도 다양한 지역에 골고루 사는 게 좋지 않을까? 한쪽에 만 땅이 있으면 다른 사람이 지나갈 때 최소 한 번 이상은 통행료를 받을 수 있긴 할 것 같은데, 우주여행 같은 거 걸려서 원하는 장소로 이동해 버리면 아예 건너뛸 수도 있으니까."

"그치. 그리고 주사위 숫자가 높게 나와서 땅이 있는 곳을 빨리 건 너뛰면 통행료를 많이 못 받으니까 손해겠지? 그래서 가급적 다양한 지역에 골고루 땅을 사 두는 게 유리할 거야. 그런데 투자에서도 이 방식이 유효해. 좀 전문적으로 말해 이런 방식의 투자를 분산 투자라 고 하지."

"분산 투자?"

"응, 분산 투자는 하나에 집중적으로 투자하는 게 아니라 나눠서

● 분산 투자
투자에 따른 위험을 줄이기 위해 성격이 서로 다른 자산에 나눠서 투자를 하는 것 을 말합니다.

투자한다는 말이야. 주식 투자에 있어 유명한 말이 있는데, 바로 '달걀을 한 바구니에 담지 마라.'야. 뭐든 하나에 집중적으로 투자하는 것보다는 다양한 곳에 분산 투자하는 게 낫다는 거지."

"분산 투자가 수익률이 더 높은 거야?"

"아니야. 오히려 분산 투자를 하면 수익률이 더 낮을 수도 있어. 근데 분산 투자는 위험을 줄이기 위해 하는 거야. 만약에 달걀을 한 바구니에 담았는데, 그 바구니를 땅에 떨어뜨렸다면 어떻게 될까?"

"달걀이 다 깨지겠지."

"그럼 처음부터 이러한 위험에 대비하기 위해 여러 바구니에 나눠 담았다면?"

"아! 한 바구니를 떨어뜨려도 다른 바구니에 있는 달걀은 멀쩡하니까 괜찮은 거구나?"

"정확해. 사실 우리는 미래를 알 수 없어. 그렇기 때문에 만약을 대비해서 분산 투자를 하는 거야. 예를 들어 볼게. 식품 회사 두 곳이 있는데, 한 곳을 A 회사, 다른 한 곳을 B 회사라고 해 보자. 근데 어느 날 A 회사에서 사용 중인 재료에서 인체에 해로운 물질이 검출된 거야. 그래서 사람들이 A 회사 제품의 불매 운동을 했어. 그러면 A 회사의 매출이 급격히 떨어지겠지? 그리고 주가도 폭락을 할 거고. 그러면 B 회사는 어떻게 될까?"

"같은 식품 회사니까 B 회사도 주가가 폭락하지 않을까?"

"아니지. 오히려 A 회사의 제품을 소비하던 소비자들이 B 회사의 제품을 소비하게 되지 않을까? 이런 걸 반사 이익˚이라고 불러. A 회사에 대한 불매 운동이 B 회사의 매출에 영향을 주면서 B 회사의 매출이 급격하게 오르는 거야. 매출이 늘면서 B 회사의 주가도 올라갈 테고. 이런 상황에서 만약에 A 회사에만 투자를 했었다면 손실을 온전히 감수해야겠지? 하지만 A 회사와 B 회사 모두에 골고루 나눠서 투자를 했다면? A 회사에서는 손실을 봤겠지만 B 회사를 통해 수익을 얻을 수 있을 테니까 손실을 만회할 수 있을 거야. 이게 바로 분산 투자의 장점인 거지."

"앞날은 모르기 때문에 분산 투자를 통해 위험을 줄인다. 맞지?"

투자의 5원칙: 현금을 보유하라

"응, 맞아. 핵심을 아주 잘 파악했네. 이제 다음으로 가 볼까? 다섯 번째는 '**일정 수준의 현금은 반드시 보유하라.**'야. 부루마불에서는 현금이 왜 필요할까?"

● 반사 이익
어떤 사건 때문에 관련이 없는 제3자가 이익을 얻는 것을 말합니다.

　　“초반에 돈을

다 써 버리면 원하는 땅

에 갔을 때 돈이 없어서 못 살 수도

있거든. 그러니 미리 준비해 둬야지. 돈이

없어서 좋은 땅을 못 샀는데, 다른 사람이 그 땅을 사

가면…… . 상상하기도 싫다.”

　　“그게 다야?”

"음, 또 있다. 다른 사람 땅을 지나갈 때 통행료를 내야 하잖아. 근데 돈이 없으면 내 땅을 팔아서 돈을 마련해야 해. 이게 누가 땅을 많이 가지고 있는지가 중요한 게임이라 그런 식으로 땅을 팔아야 하면 손해가 크지."

"맞아. 그래서 게임을 해 본 사람은 누구나 일정 수준의 현금을 가지고 있어야 해. 근데 투자도 마찬가지야. 현금이 필요한 이유도 똑같아. 예를 들어 보자. 우리나라에 경제 위기가 발생했어. 그러면 주식이든 부동산이든 가격이 막 떨어지겠지? 경제 위기가 발생하면 모든 자산의 가격이 떨어지는 경향이 있거든. 그러면 삼성전자나 네이버, 현대차 같은 회사들 주가는 어떻게 될까?"

"같이 떨어지겠지? 경제 위기가 발생하면 모든 자산의 가격이 떨어진다며."

"맞아. 그렇지만 이런 회사들의 본질적인 가치는 그대로라면? 여전히 사람들이 삼성전자의 스마트폰을 이용하고, 반도체는 불티나게 팔려. 여전히 사람들은 네이버에서 검색도 하고 쇼핑도 해. 그리

● 경제 위기
경제를 둘러싼 주변 환경이 변화하면서 어려움을 겪게 되는 것을 말합니다. 우리나라의 경우 1997년에 큰 경제 위기를 겪은 적이 있습니다.

127

고 현대차에서 새로 만든 자동차가 유럽에서 인기야. 그러면 이런 회사의 주가는 앞으로 어떻게 될까?"

"지금 당장이야 떨어지겠지만 시간이 지나면 다시 정상으로 되돌아오지 않을까?"

"그렇지. 그러면 이렇게 주가가 떨어졌을 때 이런 회사의 주식을 사는 건 어떨까? 좋은 주식을 싼 가격에 살 수 있는 기회가 될 수 있지 않을까?"

"아, 그럴 거 같아. 그러면 나중에 있을지 모르는 기회를 잡기 위해서라도 현금이 필요하겠네. 현금이 없으면 그냥 쳐다만 볼 수밖에 없잖아."

"정확해. 이번에는 다른 예를 들어 보자. 아까 게임에서 현금이 필요한 이유를 두 가지 말했잖아. 하나는 지금 이야기한 거고, 다른 하나는 뭐였지?"

"음, 돈이 필요할 때 쓰려는 거?"

"맞아. 살다 보면 예상치 못한 상황이 생겨서 급하게 돈이 필요한 경우가 있어. 그런데 가지고 있는 돈을 다 주식에 투자했다면 어떻게 해야 할까?"

"현금이 없으니 주식을 팔아야 하지 않을까?"

"그렇지. 그런데 주식 투자로 이익을 본 상태라면 괜찮겠지만 마침 주가가 떨어진 상태라면? 손해를 볼 수밖에 없겠지? 그래서 현금이 필요한 거야. 기회를 잡기 위해서도 필요하지만 제값 받고 팔 수 있을 때까지 기다리기 위해서. 주식 투자에서는 매도 타이밍이 중요해. 그런데 가지고 있는 주식을 급한 상황 때문에 어쩔 수 없이 팔아야 한다면 손해를 볼 가능성이 크겠지."

"현금은 꼭 필요하구나. 돈 있다고 다 주식에 투자하면 안 되겠다."

"어느 정도의 현금은 가지고 있어야 해. 항상 명심하고. 이제는 마지막이다."

"벌써?"

투자의 6원칙: 운도 중요하다

"자, 마지막은 '**운도 성패를 좌우하는 요소가 될 수 있다.**'는 거야."

"운? 나는 실력으로 승부하는데? 아빠 혹시 나한테 부루마불 졌다고 억지 부리는 거 아냐?"

"아니야. 지난주에 아빠한테 진 거 생각 안 나? 진짜 간만에 아빠가 이겼잖아. 너 그때 재수가 없었다면서 엄청 짜증 냈지?"

"그때는 정말 이상했어. 계속 황금열쇠나 무인도 같은 데만 걸려서 땅도 제대로 못 샀지. 그리고 황금열쇠도 자꾸 이상한 것만 나왔잖아. 정말 이길 수 없는 날이었어."

"거봐. 너 게임 잘한다고 했지만 운이 정말 안 따르는 날에는 어쩔 수 없었잖아."

"생각해 보니 그러네."

"너 강남 아파트 비싼 거 알아?"

"당연히 알지. 우리나라에서 제일 비싸다며? 그 정도야 상식이지."

"근데 예전에는 강남이나 강북이나 집값에 큰 차이는 없었어. 2000년대 초반만 해도 강남이 좀 비싸긴 했는데 집 사려는 사람들 입장에서는 강남에 집을 살지 강북에 집을 살지 선택하기 나름이었어. 그리고 20년 정도 지나면서 그 차이가 크게 벌어진 거야. 이렇게 한순간의 선택에 따라서 결과가 확 바뀔 수도 있어."

"그때 아빠가 강남에 집을 샀으면 우리도 지금 부자가 됐겠지?"

"지나간 일 후회해서 뭐 하겠냐. 지금 현재에 집중해야지. 주식도 마찬가지야. 한참을 기다려서 팔았더니 그때부터 본격적으로 급등하는 경우도 있어. 또 두 개의 주식 중 뭘 살까 고민하다가 하나를 샀는데 내가 산 건 떨어지고 다른 건 오르는 상황이 발생할 수도 있는 거야. 물론 이런 결정을 내리기까지 많은 시간과 노력을 투자했을 거야. 하지만 중요한 건 투자의 세계가 내 생각대로 움직이지 않는다는 거지. 그래서 투자를 하려면 자기 실력을 너무 과신하지 말고 항상 겸손한 자세를 가져야 해. 저번에 네가 게임에서 진 것처럼 뭘 해도 안되는 경우가 생기거든."

"생각해 보니 운도 중요하네. 주사위를 던졌는데 내가 원하는 숫자가 딱딱 나오는 날은 게임도 잘 풀려. 근데 그게 게임뿐만 아니라 투자에서도 중요하구나."

"어때, 주식 투자 잘할 수 있겠어?"

"투자가 되게 어려운 거라고 생각했는데 부루마불이랑 비교해서 들으니까 이해가 잘 되네. 빨리 주식을 사야겠어."

"하하하, 적금 하면서 주식 투자에 대해 좀 더 찾아 봐. 아까도 얘기했지만 기본적인 건 공부를 좀 해야 해."

"알았어. 내가 주식 부자 되면 아빠 맛있는 거 많이 사 줄게."

열한 살부터 주식 투자를 시작한 **워런 버핏**

워런 버핏은 '투자의 귀재'라고 불리는 미국의 투자자입니다. 그의 아버지는 주식 중개인이었는데, 아버지의 사무실 시세판에는 주식의 가격이 잔뜩 적혀 있었다고 합니다. 이 시세판을 보면서 주식의 매력에 빠져든 워런 버핏은 열한 살의 나이로 직접 주식 투자를 시작하게 됩니다.

그가 처음으로 주식을 산 회사는 '시티즈 서비스'라는 회사인데, 38달러에 3주를 사서 주당 2달러의 이익을 남기고 40달러에 팔았습니다. 하지만 이후 이 회사의 주가는 꾸준히 상승해 200달러까지 올랐습니다. 워런 버핏은 이러한 주가 상승을 보면서 장기 투자가 중요하다는 점을 깨달았다고 합니다.

주식 투자 외에도 다양한 사업가적 면모를 보인 워런 버핏은 여러 아르바이트와 사업을 통해 돈을 모았습니다. 고등학생 때에는 이미 학교의 선생님들보다 훨씬 많은 수입을 올릴 정도였습니다. 30대에 이미 백만장자의 반열에 들어섰고, 현재까지도 세계 최고의 투자자로 이름을 날리고 있습니다.

그런 워런 버핏도 인생에서 두고두고 후회하는 일이 있다고 밝힌 적이 있습니다. 그건 바로 더 일찍 주식 투자를 시작하지 않은 것입니다. 어려서부터 빨리 경제 경험을 쌓는 것이 그만큼 중요하다는 의미입니다. 그래서 그는 자녀를 부자로 만들고 싶다면 하루라도 빨리 자녀에게 돈 관리하는 방법을 가르쳐야 한다고 강조합니다.

2. 투자와 투기는 뭐가 다를까?

'거품 경제'라는 말이 있습니다. 말 그대로 경제 상황이 거품과 같이 부풀어 올라서, 주식 등이 실제 가치보다 비싸게 거래되고 있다는 뜻입니다. 거품은 언젠가 꺼지기 마련이고, 그렇게 되면 거품에 투자했던 사람들은 엄청난 손해를 보게 됩니다. 역사적으로 이러한 상황이 몇 차례 있었고, 그때마다 많은 사람이 큰 손해를 입었습니다. 우리가 천재 과학자라고 부르는 뉴턴도 그중한 사람입니다. 욕심을 부리다 주식 투자에 실패해 전 재산을 날려 버린 거죠. 여기서는 뉴턴의 이야기를 통해 투자와 투기의 차이에 대해 알아보기로 해요.

"아빠, 내가 오늘 책에서 아주 충격적인 이야기를 하나 읽었는데, 뭔지 알아?"

"글쎄? 뭐가 그렇게 충격적이야?"

"아빠, 뉴턴 알지? 만유인력의 법칙을 발견한 과학자 말이야."

"뉴턴? 갑자기 뉴턴이 왜?"

"놀라지 마. 뉴턴이 글쎄 주식 투자로 전 재산을 날렸대. 아빠도 알았어?"

"아, 알지. 유명한 이야기잖아."

"에이, 뭐야. 아빠도 아는 이야기였어?"

"뉴턴이 투자했던 회사가 남해회사잖아. 너 근데 전 재산을 날린 뉴턴이 유명한 말을 남겼는데, 그건 아니?"

"뭔데? 사실 아직 다 읽지는 못했어. 너무 신기해서 전 재산 날린 이야기까지만 보고 왔어."

"뉴턴이 그랬어. '천체의 움직임은 계산할 수 있어도 인간의 광기는 도저히 계산할 수 없다.'"

"인간의 광기? 그게 뭐야?"

● 뉴턴

영국의 과학자인 아이작 뉴턴(1642~1727)은 근대 과학의 선구자로 손꼽힙니다. 모든 물질에는 서로를 끌어당기는 힘이 있다는 만유인력의 법칙을 발견한 사람으로도 유명합니다.

"너 한자 공부하지? 광기의 '광' 자가 무슨 단어일 거 같아?"

"빛 광(光)? 그럼 광기는 인간의 빛나는 기운?"

"땡! 미칠 광(狂)이야. 그래서 광기는 사람들이 미쳐서 날뛰는 모습을 말해."

"그럼 사람들이 제정신이 아니라서 자기가 돈을 잃었다는 거야? 에이, 뉴턴 참 못됐다. 자기가 투자를 잘못해서 돈을 잃어 놓고 왜 남 탓을 해?"

"하하하, 그래. 투자는 엄연히 본인의 책임이지. 근데 여기서 우리가 배워야 할 건 투자와 투기를 구분해야 한다는 거야."

뉴턴이 투기꾼이었다니

"투자와 투기?"

"응, 너 투자는 알지? 그럼 투기는 뭔지 알아?"

"투기? 잘 모르겠는데. 아, 근데 투기꾼이라는 단어는 들어 본 거 같아. 약간 부정적인 의미 같은데 맞아?"

"오, 예리한데. 뭔가를 잘하는 사람인데, 그걸 업신여길 때 '꾼'이라는 말을 붙이잖아. 그러면 투기꾼은 뭔가 부정적인 말이 맞겠지? 그럼 넌 투자자가 될 거야? 투기꾼이 될 거야?"

"당연히 투자자지. 좋은 게 되어야지."

"그럼 투기가 뭔지 설명해 줘야 하겠구나. 아, 근데 뉴턴이 어떻게 전 재산을 날렸는지 보면 투기가 뭔지 감을 잡기 쉬울 것 같아."

"좋아."

"뉴턴이 투자한 남해회사가 뭐 하는 회사인 줄 알아?"

"응, 남아메리카랑 무역을 하던 회사지."

"맞아. 남해회사는 남아메리카에서의 노예 무역을 독점°한 회사야. 독점이 무슨 말인지 알지?"

"그 회사만 무역을 할 수 있다는 말이지?"

"응. 당시는 노예 무역이 한창이던 때였어. 사람들은 남해회사가 남아메리카와의 노예 무역을 독점하게 된다면 떼돈을 벌 거라고 생각했지. 그래서 사람들이 남해회사의 주식에 투자를 많이 했어."

"그래서 뉴턴도 투자한 거야?"

"처음에는 뉴턴도 남해회사 주식을 샀다가 팔아서 돈을 많이 벌었지. 그런데 주식을 팔았는데도 주가가 계속 오르는 거야. 그걸 보고 뉴턴이 후회를 했어. '만약에 주식을 안 팔고 계속 가지고 있었으면

● 독점
하나의 회사가 특정 상품을 시장에 혼자서만 공급하는 것을 말합니다. 독점이 이뤄지면 해당 회사가 시장 가격을 마음대로 조절할 수 있기 때문에 여러 부작용이 생깁니다. 그래서 대부분의 나라는 독점을 엄격히 규제하고 있습니다.

돈을 더 많이 벌었을 텐데.'하고 말이야."

"아, 그래서 다시 투자한 거야?"

"응. 결국 뉴턴은 남해회사 주식을 다시 샀어. 그런데
이번에는 처음이랑 달리 아주 과감하게 투자를 했

지. 자기가 주식을 너무 빨
리 팔아서 기회를 놓쳤다는 생
각이 들었으니까, 그걸 만회하려고
전 재산을 다 쏟아부은 거야. 심지어
그것도 모자라서 다른 사람 돈까지 빌려다가 투자를 했대."

"아, 그 후로 주가가 떨어진 거구나."

"맞아, 슬픈 예감은 틀리지 않지. 그렇게 돈을 투자하자마자 남해
회사 주가가 폭락하기 시작했어."

"그럼 빨리 팔았어야지. 왜 끝까지 들고 있었대?"

"뉴턴도 팔고 싶었겠지. 그런데 당시에 사람들이 모두 주식을 팔려고 하다 보니까 뉴턴이 주식을 팔고 싶어도 그걸 살 사람이 없었던 거야. 그래서 결국 전 재산을 날리게 된 거지."

"근데, 노예 무역으로 돈을 많이 벌 수 있었다며. 주가가 왜 폭락한 거야?"

"사실 그 말이 너무 과장되어 있었던 거야."

"응? 그럼 사기 아니야?"

"맞아. 근데 사람들은 주변에서 들리는 소문만 믿고 주식을 산 거야. 알아볼 수가 없었던 거지. 당시는 남아메리카가 유럽에 처음 알려진 시기다 보니까 제대로 아는 사람도 없고, 환상만 가득했거든. 그런 상황에서 남해회사가 노예 무역을 독점한다고 하니까 제대로 계산해 보지도 못하고 그냥 돈을 많이 벌 수 있다는 막연한 기대감에 투자를 했던 거야."

"아, 그러니까 회사를 제대로 알아보지도 않고 투자를 한 거네."

"만약 뉴턴이 남해회사에 대해 좀 더 자세히 알 수 있었다면 과연 투자를 했을까?"

"안 했을 거 같아. 근데 뉴턴은 엄청 똑똑한 사람이잖아? 왜 다른 사람의 말만 믿고 투자를 한 거지?"

"그러면 남해회사에 투자를 했던 뉴턴의 모습은 투자자였을까? 투기꾼이었을까?"

"당연히 투기꾼이지. 제대로 알아보지도 않고 투자를 했잖아."

"지금 **투자와 투기의 차이**를 정확히 이야기한 거야. 투자와 투기는 모두 돈을 버는 것을 목적으로 하지만 중요한 차이가 있어. 투자는 투자를 하는 대상의 가치의 변화에 주목을 하는 거고, 투기는 오직 시세 차익˚에만 목적을 두는 거야."

"말이 어렵다. 좀 더 쉽게 이야기해 줘."

"좀 어렵지? 쉽게 설명해 줄게. 네가 이제 주식에 투자하려고 해. 그럼 가장 먼저 무엇을 할까?"

"투자하려는 회사를 골라야지."

"그럼 그 회사는 어떻게 골라?"

"음, 돈을 잘 버는지, 앞으로 그 회사의 전망이 어떤지 알아보고 결정해야지."

"딩동댕! 투자하기에 앞서 그 회사에 대해 잘 알아봐야겠지? 알아보는 이유는 그 회사의 가치를 판단하기 위해서야. 앞으로 그 회사의 가치가 점점 커질 거 같으면 투자를 하는 게 맞을 거고, 그게 아니더라도 그 회사의 가치보다 현재 주가가 너무 낮으면 투자를 할 수 있겠지. 이렇게 **주식을 사기 전에 그 회사에 대해서 알아보고 판단해서 살지 말지 결정하는 게 바로 투자야.**"

"그럼 투기는?"

"아까 시세 차익에만 관심이 있다는 말 기억나?"

"응, 근데 시세 차익이 뭐야?"

● 시세 차익
가격 변화에 따른 이익을 말합니다. 만약 1만 원에 구입한 물건을 2만 원에 다시 판매할 수 있다면 1만 원의 시세 차익을 얻을 수 있습니다.

"싸게 사서 비싸게 파는 걸 시세 차익이라고 해."

"그럼 시세 차익은 좋은 거 아냐?"

"시세 차익 자체는 나쁜 게 아니야. 그렇지만 투기는 제대로 알아보지도 않고 오직 시세 차익만을 목표로 한다는 데 문제가 있는 거야. 쉽게 말해서 투자 대상의 가치에 대해서는 관심도 없고 오로지 내가 산 가격보다 더 비싼 가격에 팔 수 있다는 희망만 있을 뿐이야."

"그럼 가위바위보랑 다를 바가 없네. 운이 좋으면 이기는 거고, 나쁘면 지고."

"그렇지. 투기는 도박이랑 같아. 순전히 운에 모든 것을 맡기는 셈이지. 운이 좋아서 내가 산 가격보다 더 비싼 가격에 팔 수 있으면 성공이지만 그렇지 못하면 실패하겠지? 뉴턴도 계속 오르는 가격에 욕심이 생겨서 더 알아보지도 않고 오를 거라는 믿음만으로 주식을 샀으니까 투자가 아니라 투기를 한 거지."

"그렇게 위대한 천재도 실수를 하네."

튤립이 그렇게 비싸다고?

"아빠가 더 재미난 이야기 하나 해 줄까?"

"뭔데?"

"너 튤립 알지?"

"튤립? 꽃 말이야?"

"응, 그 꽃이 17세기 네덜란드에서는 집 한 채의 가격에 팔렸대."

"무슨 꽃이 집 한 채 가격에 팔려? 그건 오버다."

"아냐. 진짜야. 역사적으로 유명한 투기 사건이야."

"근데 꽃은 시간이 지나면 죽잖아. 꽃이 죽으면 그 돈도 날아가는 거 아냐? 왜 이렇게 비싼 돈을 주고 튤립을 산 거야?"

"너 '플렉스'라는 단어 들어 봤지?"

"알지. 자랑하는 거."

"맞아. 당시 네덜란드 부자들도 돈이 많다고 플렉스를 하고 싶었어. 네덜란드가 대서양 무역의 중심지가 되면서 네덜란드로 돈이 밀려들어 왔거든. 그러면서 부자가 된 사람도 엄청 많아졌어."

"그럼 그 부자들이 튤립으로 플렉스한 거야?"

"응. 당시에 부자들 사이에서 정원을 아름답게 꾸미는 것이 유행이었대. 그중에서도 튤립을 심는 게 인기가 많아서 가격이 올라간 거지. 튤립 가격이 계속 오르니까 아예 튤립을 팔아서 부자가 된 사람이 하나둘 생기기 시작했어. 그러다 보니까 이제 사람들이 튤립을 사 두면 비싼 가격에 팔 수 있다는 생각을 하게 된 거지."

"아, 그래서 가격이 그렇게 오른 거였구나."

"근데 아무리 튤립이 예쁘더라도 집 한 채 가격을 주고 튤립을 사는 게 정상일까?"

"아니, 정상은 아니지."

"상식적으로 이해가 안 되지? 투기란 게 그래. 이성적인 판단이 아니라 막연한 희망을 가지고 하는 거야. 가격이 비정상적으로 많이 오르면 언젠가 그 가격은 원래대로 돌아갈 수밖에 없어. 그러면 마지막에 비싼 가격에 산 사람들은 큰 손해를 보게 되는 거지."

"뉴턴처럼?"

"응, 맞아."

"그럼, 도대체 가격은 언제 떨어지는 거야? 떨어지는 시기를 알면 좋을 거 같은데."

"떨어지는 시기는 아무도 몰라. 근데 확실한 건, 더 이상 비싼 가격에 살 사람이 없으면 가격이 떨어지게 되어 있어. 그러면 가격이 계속해서 오를 거라는 희망이 부서지겠지? 사람들이 그렇게 정신을 차리면 아무도 비싼 가격에 사려고 하지 않을 거야."

"정말 바보들이다. 조금만 생각해 봐도 이건 아니다 싶을 텐데."

"그럼 넌 투기를 안 할 자신이 있어?"

"당연하지. 그런 바보 같은 짓을 내가 왜 해?"

"그래. 아빠랑 투자와 투기에 대해 잘 공부했으니 절대 투기는 하지 않을 거라 믿어. 꼭 투자자가 되어야 해. 알았지?"

"응, 걱정 마."

더 알아보기

천재들은 투자를 잘할까?

보통 머리가 좋은 사람이 투자를 잘할 것이라고 생각하기 쉽지만 사실 그렇지만은 않습니다. 앞에서 살펴본 뉴턴처럼 천재로 여겨지는 사람 중에서도 잘못된 투자로 많은 재산을 날린 경우가 많습니다.

미국의 경제학자 어빙 피셔는 수학적 방식을 도입해 경제 현상을 분석하는 계량경제학의 창시자로 유명합니다. 그는 자신의 경제학적 지식을 바탕으로 주식 투자에 나섰고, 처음에는 성공적인 투자 결과를 보였습니다. 그러나 시장을 너무 낙관적으로 판단한 탓에 결국 전 재산을 날리고 말았습니다. 그가 1920년대 후빈에 주식 투자로 손해를 본 금액만 1,000만 달러에 달한다고 합니다.

엄청난 금융 사고를 일으킨 천재도 있습니다. 1997년 노벨 경제학상을 수상한 경제학자 마이런 숄스와 로버트 머튼은 사람들로부터 돈을 모아 대신 투자해 주는 '펀드'라는 상품을 운용했습니다. 노벨상을 받은 자신들의 이론을 바탕으로 투자를 진행했기에 큰 인기를 끌었지만 1998년 러시아 경제 위기가 닥치자 많은 빚을 남긴 채 파산하고 말았습니다. 잘못된 판단으로 큰 손해만 남긴 것입니다.

3. 수익에는 반드시 위험이 따른다

자고 일어났더니 갑자기 내가 투자한 회사의 주가가 크게 오른다면 얼마나 좋을까요? 잘만 하면 금방 부자가 될 수도 있겠지요? 주식 시장에서는 간혹 그런 일이 일어나기도 합니다. 하지만 아쉬운 건 매번 그렇게 되지는 않는다는 점이에요. 때에 따라서는 투자한 원금을 손해 볼 수 있다는 점을 꼭 기억해 두어야 합니다. 대체적으로 기대하는 수익이 높을수록 손해를 볼 위험도 높아질 수밖에 없습니다. 수익률과 위험이 어떤 관계이길래 이렇게 서로 영향을 미치는지, 이제부터 살펴보기로 해요.

"와, 저 차 엄청 빨리 달린다. 저렇게 빨리 달리면 무섭지도 않나?"

"아빠 어렸을 때 봤던 표어 중에 기억에 남는 표어가 있는데 뭔지 알아?"

"그걸 내가 어떻게 알아. 빨리 말해 줘."

"5분 일찍 가려다 50년 일찍 간다."

"어딜 가는 거야?"

"저세상."

"저세상? 아, 빨리 가려고 속도를 내다가 사고가 나서 죽는다는 말이구나."

"그렇지. 근데 위험하더라도 빨리 가고 싶어? 아니면 시간이 좀 오래 걸리더라도 안전하게 가고 싶어?"

"음, 나는 안전한 게 좋아. 무서운 건 딱 질색이거든."

"그렇구나. 그럼 방금 지나간 차량 아빠 차가 동시에 서울에서 줄발해서 부산까지 간다면 누가 먼저 도착할까?"

"당연히 아까 그 차지. 속도가 비교가 안 되잖아."

"그렇겠지? 그럼 둘 다 운전 실력이 비슷하다면 중간에 사고가 날 확률은?"

"그것도 아까 그 차겠지. 아무래도 속도가 빠르니까 사고가 날 확률도 높겠지."

"맞아. 근데 생각해 보면 운전이랑 투자도 비슷한 거 같아."

"운전이랑 투자가? 왜?"

"운전은 속도를 높일수록 사고 위험이 높아지지?"

"응."

"투자도 운전이랑 비슷해. 속도가 높을수록 사고 위험이 높은 것처럼, **더 높은 수익률을 원하면 더 높은 위험을 감수해야 해.** 속도가 수익률이라면 사고 위험은 원금 손실 위험*과 같은 셈이지."

"어렵다. 쉽게 좀 설명해 줘."

빠를수록 위험하다

"아직 어렵구나. 그러면 아빠가 좀 더 쉽게 설명하기 전에 '72의 법칙'을 알려 줄게. 그걸 알면 설명이 좀 더 쉬워질 거 같거든. 72의 법칙은 복리로 투자를 했을 때 원금이 두 배 되는 데 걸리는 시간을 계산하는 법을 말해. 근데 너 복리가 뭔지 알아?"

"모르는데."

"은행에 돈을 맡기면 만기에 원금이랑 정해진 이자를 받겠지? 근데 만기에 돈을 받았는데 특별히 쓸 데가 없어서 다시 돈을 맡겨도 되는 상황이라면 어떻게 맡기는 게 좋을까? 이자는 쓰고 원금만 다시 은행에 맡길 수도 있겠고, 원금하고 이자를 그대로 다시 맡길 수도 있겠지? 매년 받을 수 있는 이자율이 동일하다고 가정할 때 두 가지 방법의 차이는 뭘까?"

"원금하고 이자까지 그대로 맡기는 편이 나중에 받는 이자가 더 많아지겠는데?"

"맞아. 이자를 쓰고 원금만 계속 맡긴다면 1년이고 10년이고 큰 차이는 없을 거야. 그런데 원금과 이자를 그대로 맡긴다면 원금에 대한 이자도 생기고 이전에 받은 이자에 대해서도 또 이자가 생기겠지? 그러면 시간이 지날수록 점점 돈의 규모가 커질 거야. 이렇게 **원금만 맡기는 방법을 단리라 부르고, 원금과 이자를 계속해서 맡기는 것을 복리라 불러.**"

"그러면 시간이 지나도 단리는 제자리인 거고, 복리는 규모가 커지는 거네?"

"맞아. 그래서 아인슈타인은 복리를 눈덩이를 굴리는 것에 비유했어. 처음 손으로 눈을 뭉친 것이 원금이라면 그 눈덩이를 땅바닥에서 굴렸을 때 붙은 눈이 바로 이자인 셈이지. 그렇게 한 번 두 번 눈덩이를 굴리다 보면 점점 커지겠지?"

"그럼 복리가 좋은 거네."

● 원금 손실 위험

투자한 돈에 손해를 보는 것을 원금 손실이라고 하며, 이러한 손실이 발생할 가능성을 원금 손실 위험이라고 합니다.

"이건 방식의 차이이기 때문에 뭐가 좋다 나쁘다 할 수는 없어. 하
지만 돈을 불리려면 복리가 더 유리하겠지?"

"그럼 72의 법칙은 뭐야?"

"아까 아빠가 복리로 투자를 했을 때 원금이 두 배로 되는 시간을 계산하는 게 72의 법칙이라고 했지?"

"응, 그러니까 어떻게 계산하는 거야?"

"72를 수익률로 나누면 돼. 만약에 수익률이 2퍼센트라면 원금이 두 배 되는 데 얼마나 걸릴까?"

"음, 72를 2로 나누니까 36년?"

"맞았어. 그럼 6퍼센트라면?"

"12년."

"정답. 수익률이 높을수록 원금이 두 배 되는 시간이 짧아지네. 그럼 다시 운전이랑 비교해 볼게. 서울부터 부산까지 거리가 대략 400킬로미터 정도 되거든? 그럼 시속 100킬로미터로 달리면 부산까지 가는 데 몇 시간이 걸릴까?"

"4시간."

"그럼 시속 150킬로미터면?"

"음, 3시간 좀 안 걸리겠네."

"속도가 높을수록 더 빨리 도착하겠지? 그럼 원금을 두 배로 만드는 게 투자의 목적이라고 생각해 보자."

"잠깐, 감이 딱 왔어. 왜 운전이랑 투자가 비슷하다는지 알겠다. 속도가 높을수록 부산에 빨리 도착하는 것처럼 수익률이 높을수록 원금이 두 배가 되는 시간이 짧아지네. 맞지?"

"똑똑하네. 근데 속도를 높일수록 사고 위험이 커졌잖아. 그럼 수익률이 높을수록 투자한 원금에서 손실을 볼 가능성은 어떨까?"

두 마리 토끼를 다 잡을 수는 없을까?

"근데 수익률이 높으면서도 안전한 투자 대상은 없어?"

"좋은 질문이야. 결론부터 말하자면 그런 건 세상에 없어. 만약 누군가 너에게 수익률이 높은데도 안전한 게 있다고 투자를 권하는 사람이 있다면 그 사람은 거의 100퍼센트 사기꾼이라고 봐도 돼. 근데 넌 수익률은 뭐에 영향을 받는지 아니?"

"투자 대상인가?"

"뭐, 비슷해. 정확히 말하면 투자 대상이 가지고 있는 위험이야. 아빠가 예를 하나 들어 볼게. A라는 사람이랑 B라는 사람이 있는데, 둘 중 한 사람에게 투자를 하려고 해. 둘 다 투자에 성공하면 똑같이 20퍼센트의 수익률을 얻을 수 있어. 물론 투자가 실패하면 최악의 경우 원금을 모두 날릴 수도 있겠지. A랑 B가 어떤 사람인지 얘기해줄 테니까 너라면 누구에게 투자를 할지 결정해 봐."

"좋아. 나의 감을 한번 믿어 보지 뭐."

"A는 화장품 회사를 운영하고 있어. 그런데 최근 신제품이 인기를 끌면서 미국, 일본, 중국 등 세계 각지에서 주문이 쏟아지고 있어. A는 이번 기회를 잘 살려서 사업을 확장하려고 준비 중이야. A의 사업 실적을 보니까 이번 히트 상품 출시가 우연은 아니었다는 생각이 들어. A는 10년 전에 화장품 회사를 창업했는데, 초반엔 어려움이 많았지만 이제는 사업이 어느 정도 안정 궤도에 올라 있어. 아직 수익이 많이 나지는 않는데, 왜 그런가 살펴봤더니 매출 대부분을 제품 개발에 투자하기 때문이었어. 현재 인기를 끌고 있는 제품 말고도 개발이 거의 완료된 제품도 여럿 있는데, 시장 반응도 괜찮고 특허도 몇 개 가지고 있지. 마침 시장 상황도 괜찮아서 A가 만드는 제품의 시장이 점점 커지고 있고, 한류 붐을 타고 한국 화장품에 대한 인지도도 높아지는 상황이거든. 자, A의 회사는 어떤 거 같아?"

"좋네. 일단 히트 상품이 있다는 게 제일 마음에 들어. 그리고 특허도 있다니 기술력도 좋은 것 같고, 시장도 커지는데 한류까지 있으니까 잘하면 엄청 커질 것 같은데?"

"그치, 아빠 생각도 그래. 그런데 더 중요한 건 A가 회사를 운영한 지 오래됐잖아. 그런 경험은 무시할 수 없거든. 아빠는 그런 부분이 더 마음에 들어."

"경험은 중요하지. 게임을 하더라도 경험이 많은 사람이 더 잘하거든. 그건 나도 인정."

"자, 그러면 B에 대해 알아보자. B는 아직 대학생이야. 사업을 해 본 경험이 없지. 근데 자기만의 독특한 아이디어가 있어서 그 아이디 어로 사업을 시작하려고 해. 아이디어를 들어 보니 아직 부족한 부 분도 있긴 한데 그래도 잘 다듬어 보면 성공할 수도 있겠다는 생각이

들어. 그런데 시장 상황을 보니까 조금 다르긴 해도 비슷한 아이디어를 가지고 사업을 시작하려는 사람들이 하나둘 생겨나기 시작했어. 그래서 누가 먼저 아이디어를 가지고 사업화를 하느냐가 중요할 거 같다는 생각이 들어. 그러면 B의 회사는 어떤 거 같아?"

"B는 잘 모르겠어. 아빠가 사업은 경험도 중요하다고 했는데, B는 아직 사업을 해 본 경험이 없잖아. 그리고 아이디어가 좋아도 다 성공하는 건 아니라던데, 괜히 투자했다가 투자금을 날리게 되지 않을까? 나라면 A한테 투자를 할 거 같아."

"A에게 투자를 하겠다는 거지? 왜?"

"딱 봐도 성공 가능성이 A가 높잖아. A한테 투자를 하면 최소한 원금을 날리지는 않을 거 같아."

실패할 수도 있는데, 투자하시겠습니까?

"그러면 성공 가능성이 높다는 말을 좀 다르게 표현해 보자. 성공의 반대말은 뭐지?"

"성공의 반대말은 실패지."

"성공 가능성이 높다는 말을, 실패 가능성이 낮다고 바꿔 말해도 좋을까?"

"별 차이 없을 것 같은데."

"그럼 여기서 실패란 뭘 의미해?"

"실패? 투자한 원금을 날리는 거지."

"그럼 A에게 투자를 하면 투자한 원금을 날릴 가능성이 낮은 거네. 반대로 B에게 투자를 하면 투자한 원금을 날릴 가능성이 높은 거고, 맞지?"

"당연하지."

"그런데 반드시 B에게 투자를 해야 한다면 어떻게 하겠어?"

"별로 하고 싶지는 않은데."

"에이, 그래도 해야 한다면. 가정이잖아. 만약 B에게 투자해서 잘 될 경우에 원금의 다섯 배를 주겠다고 한다면? 그러면 할 거야?"

"원금의 다섯 배? 이거 고민되는데. 그러면 할 수도 있을 거 같아. 대신 내 돈이 많을 때만."

"돈이 많을 때만? 그건 무슨 말이야?"

"그렇게 위험한 데 투자했다가 내 돈 다 날리면 어떻게 해. 만약에 내가 돈이 많아서 조금만 투자할 수 있다면 할 거 같아."

"돈을 날릴 가능성이 높으니까 일부만 투자를 해 보겠다. 그것도 좋은 생각이네. 자, 정리해 보자. A에게 투자를 했을 때 예상할 수 있는 수익률은 20퍼센트야. 그리고 B에게 투자를 했을 때 예상할 수 있는 수익률은 원금의 5배라고 했으니 500퍼센트야. 맞지? 그럼 수익률이 어떻게 결정된 거야?"

"음, 투자한 원금을 날릴 가능성이 높아질수록 더 높은 수익률을 받게 되는 거네. 이제 알겠다. 운전에서는 속도가 높아질수록 사고 위험이 높아진다고 했잖아. 투자에서는 높은 수익률을 얻을 수 있을수록 손해를 볼 가능성이 높아지는 거구나."

"아까 아빠가 한 말 기억나? 안전하면서 수익률도 높은 것은 없다는 말. 그러면 이런 상품이 왜 없는 걸까?"

"벌써 아는 사람들이 다 가져가서 내 차례까지 안 오는 건가?"

"뭐, 그런 이유도 있겠지. A의 상황을 아는 사람이 많다면 다들 A에게 투자를 하고 싶겠지? 너도나도 투자를 하겠다고 A에게 말하겠지? 그럼 A는 어떤 기준으로 투자를 받을까?"

"친한 순서?"

"그것도 말이 되지. 만약 이렇게 확실한 투자처가 있다면 제일 먼저 가족이나 친구처럼 잘 아는 사람들에게 소개를 해 주겠지? 그런데 여기서는 모르는 사람에게 투자를 받는다고 가정해 보자. 그럼?"

"음, 자기에게 잘해 주는 순서? 아무래도 더 잘해 주는 사람에게 마음이 가겠지."

"맞아. 그럼 표현을 좀 바꿔 볼까? 좋은 조건을 제시하는 사람. 어때? 그럴듯하지?"

"응. 근데 좋은 조건이 뭐야?"

"A에게 유리한 조건이겠지? 예를 들어 나중에 수익금을 조금만 받겠다는 사람의 돈을 쓰는 게 낫지 않을까? 성공했을 때 돌려줄 수익금이 작을수록 A한테는 유리한 거잖아."

"그러네. A는 돈을 적게 주면 적게 줄수록 유리하네."

"그러면 어떻겠어. 투자하고 싶은 사람들은 점점 더 A에게 좋은 조건을 제시하겠지? 어떤 사람은 수익을 10퍼센트만 받겠다, 어떤 사람은 수익을 5퍼센트만 받겠다 하면서 경쟁할 거 아니야. A는 그중에 제일 낮은 수익률을 얘기한 사람의 돈을 쓰면 유리하지 않을까?"

"이제 알겠다. 왜 수익률이 높으면서 안전한 투자 대상이 없는지. 원금 손실 가능성이 낮을수록 수익률도 낮아지고, 원금 손실 가능성이 높을수록 수익률도 높아지는구나. 운전이랑 비슷하긴 하다."

"그러니까 너도 투자를 할 때 수익률하고 위험을 같이 살펴볼 필요가 있어. 어른들 중에서도 위험을 잘 고려하지 않고 무조건 높은 수익률만 따라가는 사람들이 있거든. 수익률이 높을수록 위험도 크다는 걸 꼭 기억해야 해. 알았지?"

"응, 알았어."

맨해튼을 24달러에 판 원주민

미국 뉴욕의 맨해튼은 전 세계 금융의 중심지로 유명합니다. 당연히 땅값도 매우 비싸지요. 그런데 이곳은 1626년에 네덜란드 이민자들이 단돈 24달러를 내고 아메리카 원주민들에게 구입한 땅으로도 잘 알려져 있습니다. 그런데 과연 원주민들은 왜 말도 안 되는 헐값에 땅을 판 걸까요?

미국의 유명한 금융인 피터 린치는 이 사례를 두고 원주민들이 바보 같은 거래를 한 것이 아니라고 이야기했습니다. 당시 땅값인 24달러를 연 8퍼센트의 채권에 복리로 투자했다면 360여 년이 지난 1989년에는 무려 32조 달러(32,000,000,000,000달러)가 되기 때문입니다.

이 사례는 복리가 얼마나 대단한지를 보여 주는 대표적인 사례입니다. 원금에 이자가 붙고, 그 이자에 다시 이자가 붙는 복리는 처음에는 사소해 보일 수 있지만 시간이 지날수록 그 위력이 더 강력해집니다. 복리에 있어 가장 중요한 무기는 바로 '시간'인 셈입니다. 복리의 이러한 특성 때문에 과학자 아인슈타인도 복리를 '지상 최고의 발명품'이라 부르기도 했습니다.

4부

이제부터 나도 투자자

1. 주식에도 다 특징이 있다

뉴스를 보면 그날그날 주식 시장이 어땠는지를 이야기하는 코너를 찾을 수 있습니다. 그런데 뉴스를 가만히 보면 대부분의 주식이 오른 날에도 가격이 떨어진 주식이 있고, 대부분의 주식이 떨어진 날에도 꿋꿋이 오른 주식이 있습니다. 이런 주식은 왜 남들과 다르게 움직이는 걸까요? 그 이유를 알려면 주식에 어떤 성격이 있는지를 먼저 알아야 합니다. 주식도 사람처럼 성격이 다 다르기에 모든 주식이 똑같이 움직일 수는 없어요. 여기서는 주식에 어떤 성격이 있는지, 그 성격은 어떻게 알 수 있는지 함께 알아보기로 해요.

"아빠, 요즘 TV에서 자기소개를 이상한 영어로 하던데 그게 뭔지 알아?"

"이상한 영어? 그게 뭔데?"

"정확히는 모르겠는데 누가 ABCD라고 그러면 옆에서 '나도 C인데.' 하면서 맞장구를 치더라고."

"아, 너 MBTI®를 이야기하는 거구나."

"MBTI? 그게 뭐야?"

"MBTI는 사람의 성격을 분류해서 알려 주는 성격 유형 검사야."

"성격 유형 검사? 그럼 자기 성격이 어떤지 알려 주는 거네?"

"응. 맞아. MBTI는 사람의 성격을 크게 네 가지로 분류하고 각각의 특징을 대표하는 알파벳을 조합해서 만들어. 예를 들어 ESFP 유형의 사람들은 자유로운 영혼의 소유자인데, 이런 부류의 사람들은 낙천적이고 사교적인 편이야. 그런데 즉흥적인 것을 좋아하는 탓에 계획을 세우는 것에는 약한 편이지."

"근데 시간이 지나면 서로에 대해서 잘 알게 될 텐데 굳이 그런 게

● MBTI

MBTI는 미국의 작가인 캐서린 브리그스(1875~1968)와 그녀의 딸 이사벨 마이어스(1897~1980)가 카를 융의 이론을 바탕으로 만든 성격 유형 검사입니다. 사람의 성격을 크게 외향(E)과 내향(I), 감각(S)과 직관(N), 사고(T)와 감정(F), 인식(P)과 판단(J) 등 네 가지 기준에 따라 분류하고 이를 조합하여 총 16가지의 성격 유형으로 나타냅니다.

필요한가?"

"넌 아직 어려서 만나는 사람들이 한정적이잖아. 지금은 만나는 사람들이 끽해야 학교나 학원 친구들하고 가족이 전부지. 근데 나이를 먹고 더 큰 세상에 나가면 만나는 사람이 점점 더 많아질 거야. 그러면 그 사람 하나하나를 다 알기 위해서는 시간이 많이 필요하겠지?"

"아무래도 그렇겠지?"

"그리고 처음 만나는 친구라도 서로 성향에 대해 알고 있으면 이해하는 데 도움이 되지 않을까?"

"그건 그러네. 서로에 대해 알면 친해지기 편할 거 같긴 하다."

"근데 너 그거 알아?"

"뭘?"

"주식도 사람처럼 각각의 특징에 따라 분류할 수 있는 거."

"어떻게?"

"주식도 다 특징이 있거든. 대표적으로 성장주냐 가치주냐 하는 걸로 나눌 수 있고, 경기민감주랑 경기방어주, 대형주랑 중소형주 같은 기준으로 나눌 수 있어."

"딴 거는 잘 모르겠는데, 성장주랑 가치주는 뉴스에서 본 적 있는 거 같아."

"요즘 경제 뉴스도 보고 대단한데?"

"근데 아직은 잘 모르겠어. 너무 어려운 말만 나와서 몇 번 보다가 말았어."

"그래도 관심을 가지고 봤다는 게 어디야. 지금은 어려워도 계속 보다 보면 어느 순간 쉽게 느껴질 때가 올 거야. 그러니까 처음부터 욕심내지 말고, 제목만 쓱 보다가 관심 가는 거 있으면 한두 개 정도 클릭해 봐. 나중에 큰 도움이 될 거야."

"알았어. 힘들어도 한번 노력해 볼게."

성장주와 가치주

"그럼 네가 들어 봤다는 성장주랑 가치주 이야기부터 해 볼까? 성장주랑 가치주를 사람에 비유하면 사업가랑 공무원이 되겠다."

"사업가랑 공무원? 성장주가 사업가고 가치주가 공무원이야?"

"응. 넌 사업가랑 공무원이라고 하면 어떤 이미지가 떠올라?"

"음, 사업가는 잘되면 돈 엄청 벌 수 있을 거 같고, 공무원은 안정적일 거 같아."

"오, 정확해. '성장'이라는 단어를 들으면 어떤 느낌이 들어?"

"막 커 가는 느낌."

"맞아. 성장주를 한마디로 표현하면, 지금보다 앞으로가 기대되는 회사를 말해. 일반적으로 바이오, 전기차, AI, 메타버스, 우주 항공 같은 사업을 하는 회사가 성장주지. 이런 분야는 시장이 계속 커지고 있거든. 시장이 커지는 만큼 앞으로 더 많은 돈을 벌 수 있겠지?"

"근데 전기차나 AI 같은 건 지금도 돈을 많이 버는 거 아니야?"

"물론 지금도 돈을 벌고 있지. 근데 지금 이런 분야에서 벌고 있는 돈이 많아 보여도 앞으로 5년, 10년 뒤에 벌어들일 것으로 예상되는 돈에 비교하면 아주 미미한 수준이라는 거지. 너 전기차 알지?"

"당연하지. 이번에 삼촌도 전기차 샀다고 자랑했잖아."

"잘 아네. 그럼 지금은 삼촌 차처럼 전기로 움직이는 자동차가 많이 팔릴까, 아니면 아빠 차처럼 휘발유로 움직이는 자동차가 많이 팔릴까?"

"아무래도 휘발유로 움직이는 차가 많이 팔리겠지? 길에도 전기차보다는 그냥 차가 훨씬 많은 것 같아."

"그런데 과연 앞으로도 그럴까? 지금 대부분의 자동차 회사들은 앞으로 휘발유로 움직이는 자동차 생산을 줄이거나 아예 안 만들고 전기차만 생산하게 될 거래. 그렇게 되면 앞으로 전기차를 잘 만드는 회사가 유리하겠지?"

"정말? 전기차만 생산한다고?"

"응. 그러면 지금 당장 휘발유로 움직이는 차를 많이 파는 회사가 앞으로도 돈을 많이 벌까, 아니면 지금 당장 큰돈을 벌지는 못하더라도 전기차 만드는 기술을 확보한 회사가 더 돈을 많이 벌까?"

"당연히 전기차 기술이 있는 회사가 돈을 많이 벌겠지. 휘발유로 움직이는 차는 이제 생산 안 한다며."

"그러면 너는 어느 회사에 투자할 거야?"

"당연히 전기차를 만드는 회사에 투자해야겠지?"

"그런데 투자하려는 회사가 전기차 기술을 개발하느라 지금 당장 수익이 안 난다면? 지금 버는 돈을 다 연구 개발비에 쓰고 있는 거야. 그래도 전기차 만드는 회사에 투자할 거야?"

"뭐, 미래를 위해 투자하는 거니까 좋은 거 아니야? 그래도 전기차 만드는 회사에 투자할 거 같은데?"

"그렇지? 그래서 성장주는 지금 당장의 실적보다는 미래에 대한 확실한 비전이 있는지랑 그 비전에 맞는 기술을 잘 개발하고 있는지에 따라서 주가가 결정되는 경향이 있어. 예를 들어 우리가 아플 때 먹는 약이나 코로나 백신처럼 의약품을 생산하는 바이오 회사 같은 경우에는 적자가 아무리 많아도 신약을 개발했다는 소식이 있으면 주가가 폭등하는 경우도 많아."

"그러니까 성장주는 지금 현재 모습보다는 앞으로 성장할 가능성을 보고 투자를 하는 거네."

"그렇지. 보통 미국에서는 테슬라, 애플, 엔비디아, 메타 같은 회사를 성장주라고 보고, 우리나라에서는 네이버, 카카오, 삼성바이오로직스, SK이노베이션 같은 회사를 성장주라고 봐."

"그럼 가치주는 뭐야?"

"아까 가치주는 공무원이라고 했지? 공무원은 어떤 특징이 있을거 같아?"

"안정적인 거? 예전에 직업 탐방 시간에 들은 이야기인데, 공무원이 안정적이라 인기가 많대. 근데 왜 공무원이 안정적이라는 거야?"

"공무원은 성과가 좋다고 보너스를 많이 받거나 하지는 않아. 공무원은 매월 받는 월급이 어느 정도인지 예상 가능하고, 심지어 10년 후에 월급을 얼마나 받을지도 예측할 수 있어. 특별히 사고만 안 치면 정년까지 회사를 다닐 수 있고. 그래서 큰돈을 벌지는 못해도 안정적으로 살 수 있지."

"그래서 공무원을 안정적이라고 하는구나. 그럼 가치주에 속하는 회사들도 어느 정도 수익이 안정적인 거지?"

"그렇지. **현재보다 미래가 기대되는 회사가 성장주고, 지금 현재 아주 잘하고 있는 회사가 가치주지.** 근데 가치주 회사들이 속한 산업은 이미 어느 정도 성숙된 시장이야. 너 '성숙된'이라는 말은 알아?"

"나 무시하는 거야? 당연히 알지. 이미 다 컸다는 말이잖아."

"맞아. 성숙된 시장이란 이미 시장의 규모가 어느 정도 정점에 다다랐다는 말이야. 대표적으로 식품이나 통신, 은행, 전기, 유통 같은 분야지. 보통 미국에서는 코카콜라, 맥도날드, AT&T 같은 회사를 가치주라고 보고, 우리나라에서는 농심, KT, 이마트, KB금융, 한국전력 같은 회사를 가치주라고 봐."

"내가 좋아하는 걸 만드는 회사가 많네? 나 콜라랑 햄버거 좋아하잖아. 라면도."

"하하하, 그렇지. 이런 회사들은 성장주처럼 폭발적인 성장을 기대할 수는 없지만 안정적인 사업 모델로 꾸준한 수익을 벌어들이는 회사들이야. 이런 회사들은 지금 수익이 많이 나기 때문에 주주들한테 배당을 많이 하는 편이야. 하지만 아무래도 미래에 대한 기대가 낮다 보니까 실제 주식 시장에서 거래되는 주가가 회사의 실제 가치보다 낮은 경우도 많아."

"돈도 많이 버는데 싸게 거래된다고? 이해가 안 되는데."

"그건 사람들이 주식을 할 때 현재의 모습보다는 미래의 모습에 더 주목하기 때문이지. 좀 어렵게 표현하자면 성장성을 더 중요하게 생각하기 때문이야."

"왜 성장성을 더 중요하게 생각하는 거야?"

"성장성이 클수록 더 큰 수익을 낼 수 있거든. 보통 가치주는 주식을 매매할 때 발생하는 차익보다는 배당으로 수익을 내는 경우가 많아. 그런데 성장주 같은 경우에는 회사가 급격히 성장해서 주가가 두 배, 세 배가 되면 배당으로 받는 수익보다 훨씬 큰돈을 매매 차익으로 벌 수 있기 때문이야. 쉽게 말해서 **성장성이 크면 나중에 주식을 팔아서 벌 수 있는 수익이 커진다**는 이야기야."

"꾸준히 배당을 받는 것보다는 회사가 커지면서 주가가 확 오르는 게 더 큰돈을 벌 수 있다는 거네?"

"어려운데 잘 이해했네. 그런데 회사는 항상 변해. 지금 당장은 성장주라고 생각되는 회사도 시간이 지나면서 가치주가 되기도 하고, 반대로 가치주가 성장주로 바뀌기도 해."

"어떻게?"

"지금은 전기차가 성장주라고 했지? 그런데 시간이 지나면서 사람들이 다 전기차를 가지고 있다면 그때도 성장성이 좋을까?"

"그럼 미래에는 전기차 회사들이 가치주가 될 수도 있겠네?"

"그렇지. 그리고 아까 식품 회사들을 가치주로 분류했잖아. 그런데 요즘에는 집에서 간편하게 조리해서 먹을 수 있도록 만들어진 제품이 인기거든."

"밀키트 같은 거? 얼마 전에 김치찌개도 사서 먹었잖아."

"맞아. 근데 아빠 어렸을 때만 하더라도 이런 간편식 제품들이 없었어. 최근 들어 나오기 시작했는데, 이런 제품들이 엄청 많이 팔리면서 시장이 점점 커지고 있거든. 그러면 같은 식품 회사라고 해도 간편식을 만드는 회사는 성장성이 좋아지겠지? 그러면 가치주에서 성장주로 바뀌는 거야."

"아, 세상에 영원한 건 없구나."

"하하하, 그 말이 딱이다. 그럼 이제 경기민감주와 경기방어주 이야기를 해 볼까?"

경기민감주와 경기방어주

"아빠, 경기가 뭐야? 혹시 내가 생각하는 경기는 아니겠지?"

"넌 뭘 생각하는데?"

"당연히 게임이지. 근데 이상해. 게임에 민감하다? 게임을 방어하다? 아닌 거 같아."

"여기서 말하는 경기는 나라의 경제 상황을 얘기하는 거야. 경제 활동이 활발해지면 사람들이 돈을 많이 벌겠지? 돈을 많이 벌면 그만큼 소비도 많이 하고. 이런 경우에 경기가 좋아졌다고 표현해."

"그럼 경기가 안 좋다는 건 소득도 줄어들고 소비도 줄어드는 걸 이야기하겠네?"

"그렇지. 그럼 경기민감주와 경기방어주를 사람에 비유하면 어떤 사람이 될까?"

"경기민감주는 알 거 같아. 예민한 사람. 맞지?"

"응. 친구들 중에서도 유독 눈치가 빠른 친구들 있지? 아빠가 너만 할 때 생각해 보면 쉬는 시간에 친구들하고 장난을 치다가도 어느 순간 분위기가 바뀌면 언제 그랬냐는 듯이 자기 자리에 조용히 앉아 있던 친구들이 있었어."

"맞아, 내 친구 중에서도 유독 눈치가 100단인 애들이 있어."

"눈치 빠른 사람들은 주위의 변화에 엄청 민감해. 근데 또 주변 상황이 어떻게 변하든지 간에 자기 할 일을 우직하게 해 나가는 사람도 있어. 이런 사람들은 주변 환경 변화에 무관심하지. 그저 자기 일을 할 뿐이야."

"우리 반에서 1등 하는 애가 그래. 쉬는 시간에도 혼자 책상에 앉아 수학 문제 풀더라고."

"너도 같이 앉아서 공부 좀 하지 그래?"

"나도 그러고 싶은데 친구들이 날 그냥 안 놔둬. 이놈의 인기란."

"하하하, 그래. 쉬는 시간에는 쉬어야지. 경기민감주가 눈치가 빠른 사람이라면 경기방어주는 우직한 사람이야. 그러면 이런 성격을 회사에도 대입해 볼까? 경기가 좋으면 사람들이 휴가 때 해외여행도 다니고, 대학 입학 축하 선물로 노트북도 사 주고, 오래된 자동차도 새 차로 바꾸겠지? 근데 경기가 나쁘면 이런 것들은 우선순위에서 밀리게 될 거야. 해외여행 대신 국내로 여행을 가거나 아예 여행을 안 갈 수도 있을 거고, 노트북이나 자동차도 새로 안 사고 기존에 쓰던 걸 최대한 오래 쓰려고 할 거야. 그러면 노트북이나 자동차 회사들은 아무래도 매출이 줄어들겠지?"

"경제 상황에 따라 많이 바뀌겠구나."

"맞아. 이런 식으로 경제 상황에 따라 유독 매출이 크게 변하는 기업들이 있어. 그러면 주가도 즉각적으로 반응하겠지? 경기가 좋을 때는 매출이 늘면서 주가도 같이 오르겠고, 경기가 나빠지면 매출이 줄어들면서 주가도 같이 떨어지는 거야. 이런 회사들을 경기민감주라고 해."

"아빠가 예를 들었던 것처럼 여행사나 가전제품 회사, 자동차 회사 같은 데가 경기민감주야?"

"맞아. 보통 삼성전자, 포스코, 현대차, 대한항공 같은 회사를 경기민감주로 분류해. 그러면 반대로 경제 상황에 크게 영향을 안 받고 소비가 이뤄지는 건 뭐가 있을까?"

"음, 먹는 거? 경제가 안 좋다고 하루 세 끼 먹던 걸 두 끼로 줄이지는 못할 거 같아. 그래도 때가 되면 밥은 꼭 먹어야지."

"그렇지. 그것 말고도 더 많을 거야. 예를 들어 밤에 전기 대신 촛불을 켜고 살지는 않잖아. 경기가 안 좋다고 TV를 안 보지도 않을 거고. 그러면 전기는 경제 상황과 무관하게 쓰는 거네? 또 있다. 몸이 아픈 사람이 경제 상황이 안 좋다고 해서 먹던 약을 안 먹지는 않을 거 아니야. 그러면 의약품도 반드시 소비되어야 하겠지?"

"통신 요금도 그런 거 같아. 스마트폰 없는 삶은 끔찍하거든."

"그래. 너뿐만 아니라 어른들도 그건 마찬가지인 거 같다. 그러면 전기, 가스, 통신, 제약, 식품 같은 것들이네. 다 우리 생활하고 직접적으로 연관되어 있어서 경제 상황에 상관 없이 어느 정도 소비를 할 수밖에 없는 분야지? 이런 분야에 속한 회사들을 경기방어주라고 해. 대표적으로 한국전력, 한국가스공사, SK텔레콤, 오뚜기 같은 회사들이 여기 속한다고 보지."

"경기민감주는 상황에 따라 소비를 줄이거나 늘릴 수 있는 제품을 만드는 회사고, 경기방어주는 살아가기 위해 반드시 소비해야 하는 제품을 만드는 회사네?"

"맞아. 그런데 아빠가 지금 표현을 비꿔 보자면 **경기민감주는 경기**

에 따라 매출이 변하는 회사고, 경기방어주는 경기와 상관없이 매출이 꾸준한 회사지. 넌 소비자의 입장에서 설명한 거고, 아빠는 회사의 입장에서 설명한 거야. 이제 마지막으로 대형주와 중소형주 이야기를 해 볼까?"

대형주와 중소형주

"이건 대충 알 거 같아. 대형주는 큰 회사, 중소형주는 작은 회사. 맞지?"

"어, 맞아. 그런데 정확히 말하자면 우리나라에서는 회사의 시가 총액˚을 기준으로 줄을 세웠을 때 1위부터 100위까지를 대형주, 101위부터 300위까지를 중형주, 그리고 301위부터는 소형주로 분류해. 그런데 넌 시가 총액이 뭔지 아니?"

"시가 총액? 주식 가격인가?"

"비슷하긴 한데 좀 부족해. 시가 총액은 한마디로 말해서 그 회사의 가치를 의미하는 거야. 시가 총액을 알려면 주가랑 주식 수를 동

● 시가 총액
주식의 숫자와 현재의 주가를 곱해서 산출한 수치로, 회사의 규모를 평가할 때 사용합니다. 일반적으로 시가 총액이 높은 회사일수록 가치가 높다고 여겨집니다.

175

시에 알아야 해."

"주식 수? 뭘 그런 거까지 알아야 해? 주가에 그 회사의 가치가 다 반영되어 있다며."

"그렇긴 하지. 그런데 주가가 높은 순서대로 회사의 가치가 높은 걸까? 그렇게 따지면 우리나라 1등 회사인 삼성전자의 주가가 제일 높아야 하잖아. 그런데 실상은 그렇지 않지? 삼성전자 주식보다 비싼 주식들이 엄청 많잖아."

"아, 그렇구나."

"예를 들어 가치가 100억 원인 회사가 있다고 가정해 보자. 이 회사의 주식이 100개 있으면 한 주당 주가는 1억 원이 될 거야. 한 주에 1억 원이면 살 수 있는 사람이 많지 않겠지? 그럼 한 번 거래하기도 힘들잖아. 그러면 주식 수를 늘리는 거야. 주식 수를 100만 개로 늘리면 한 주당 가격은 얼마일까?"

"100억 원을 100만 개로 나눠 주면, 음."

"1만 원이야."

"내가 막 말하려고 했는데. 조금만 기다리지."

"당연히 알 거라 믿지. 중요한 건 주가만 봐서는 그 회사의 가치를 알 수 없다는 거야. 지금처럼 주식 수가 몇 개인지 알아야 그 회사의 정확한 가치가 얼마나 되는지 알 수 있는 거야. 알겠지?"

"응."

"이제 마지막으로 한 가지만 더 알려 줄게. 지금까지 회사들의 특징에 따라서 분류를 했잖아. 그런데 한 회사가 한 가지 특성만 가지고 있는 건 아니야. 여러 가지 특징이 동시에 있을 수도 있어. 예를 들어 네이버 같은 회사는 성장주면서 대형주야. KT 같은 회사는 가치주면서 대형주고, 동시에 경기방어주에도 속하지."

"회사도 사람하고 비슷하네? 사람도 다양한 성격을 동시에 가지고 있잖아."

"그렇지. 아주 똑똑한데?"

"하하하."

시장에 투자하라

주식 시장의 전체 상황을 알 수 있도록 모든 주식의 상황을 하나의 숫자로 나타낸 것을 주가 지수라고 합니다. 주가 지수가 올랐다면 하나하나의 주식 가격이 모두 오른 것은 아니지만 전체적인 시장 상황이 좋아져서 대부분의 주식 가격이 상승했다고 볼 수 있습니다. 이 때문에 주가 지수는 전체 주식 시장 상황이 얼마나 좋아졌는지 등을 판단하는 데에 중요한 지표로 사용됩니다.

그런데 주가 지수는 계속 오르는데 내가 투자한 회사의 주식은 예상하지 못한 문제로 인해 계속 하락한다면 어떨까요? 이러한 위험을 피할 수 있도록 만들어진 것이 인덱스 펀드입니다. 인덱스 펀드는 주가 지수의 변화에 따라 수익률도 변화하도록 만들어졌습니다. 따라서 이 펀드에 가입하면 하나하나의 주식을 살펴볼 필요 없이 시장 전체에 투자한 것과 같은 효과를 볼 수 있습니다.

인덱스 펀드는 1975년 미국의 투자자 존 보글이 처음 만들었습니다. 노벨 경제학상을 수상한 폴 새뮤얼슨은 인덱스 펀드의 발명이 바퀴나 알파벳의 발명과도 같은 가치가 있다고 평가하기도 했습니다.

그만큼 투자자를 위한 획기적인 발명이라는 의미입니다.

　이후 인덱스 펀드는 주식처럼 시장에서 쉽고 편리하게 사고팔 수 있도록 ETF(Exchange Traded Fund, 상장지수펀드)라는 상품으로 진화했습니다. 현재 주식 시장에는 종합 주가 지수에 따라 수익률이 변화하는 ETF 외에도 IT, 금융, 반도체 등 특정 업종의 주가 지수를 따라 수익률이 변화하는 ETF 등 여러 상품이 거래되고 있습니다.

2. 투자에 절대적인 방법은 없다

주변에 왼손으로 글씨를 쓰고 밥을 먹는 사람이 있나요? 이런 사람들을 '왼손잡이'라고 부르는데, 우리나라 사람 중 대략 5퍼센트 정도가 왼손잡이라고 해요. 오래전에는 왼손잡이가 좋지 않은 습관이라고 여겨지기도 했지만 지금은 왼손잡이만의 장점이 많다는 것이 알려지면서 일부러 왼손을 쓰려고 노력하는 사람도 종종 있습니다. 모두가 오른손을 쓸 때 왼손을 쓰는 것처럼, 투자에 있어서도 모두가 한 방향에 치우쳐 있을 때 남들과 다른 방식을 도입해 성공한 사람들이 있습니다. 여기서는 다른 사람과 다른, 자기만의 원칙으로 투자에 성공한 사람들의 비법을 살펴보겠습니다.

"학교 다녀왔습니다."

"학교 잘 다녀왔어?"

"어? 아빠가 이 시간에 왜 집에 있어? 회사 안 갔어?"

"오늘 아빠 휴가 썼어. 오전에 볼일도 있고 해서. 근데, 너 오늘 시험 아니었어? 왜 이리 늦게 온 거야?"

"아, 시험 끝나서 친구들이랑 오랜만에 축구 좀 하다가 왔지."

"시험은 잘 봤어?"

"항상 잘 보지. 내가 눈이 좀 좋잖아."

"요 녀석, 그런 말이 아니잖아. 하하하."

"참, 아빠. 내 친구 기훈이 알지?"

"알지. 기훈이가 왜?"

"아니, 걔는 공부할 때 음악을 들으면서 하더라. 자기는 음악을 안 들으면 공부가 잘 안된대. 근데 나는 음악 들으면서는 도저히 십중이 안되던데, 참 희한해."

"그게 사람마다 스타일이 있어서 그래. 사람에 따라서는 독서실에서 공부하는 걸 선호하는 사람도 있고, 집에서 공부하는 걸 선호하는 사람도 있어. 공부 시간대도 그래. 새벽에 공부하는 걸 선호하는 사람도 있고, 밤에 공부하는 걸 선호하는 사람도 있지. 그런데 뭐가 더 좋고 나쁜 건 아니야. 그냥 자기한테 맞는 방법을 찾아서 하면 되는 거지."

"그래도 음악 들으면서 공부하는 건 좀 아니지 않나?"

"너 아빠랑 카페 갔을 때 거기서 공부하던 대학생 형, 누나 들 봤던 거 기억나?"

"응."

"그 사람들은 왜 거기서 공부할까?"

"도서관에 자리가 없어서?"

"뭐, 그럴 수도 있지. 그런데 사람에 따라서는 카페에서 공부하는 게 더 편한 사람도 있을 거야. 인터넷 강의를 들어야 한다거나 너처럼 입으로 중얼거리면서 공부하는 사람들은 오히려 도서관보다는 카페에서 공부하는 것이 더 나을 수도 있지."

"생각해 보니 그럴 수도 있긴 하겠다."

"공부만 그럴까?"

"응? 무슨 말이야?"

"투자도 공부랑 똑같아. 투자로 성공한 사람들을 보면 각자 성공한 방법이 다 달라. 쉽게 말해 투자하는 스타일이 정말 제각각이라는 말이야."

"투자 스타일?"

246억 원짜리 점심 식사

"너 혹시 워런 버핏* 이라고 알아?"

"들어 본 거 같은데, 잠깐만. 그 사람도 투자자야?"

"응. 현재 살아 있는 투자자 중에서 최고로 인정받는 사람이야. 이 사람이 얼마나 대단하냐면, 너 경매 알지?"

"당연히 알지. 물건을 놓고 사려는 사람들끼리 경쟁해서 제일 비싸게 부른 사람이 사는 거잖아."

"맞아. 이 사람이 매년 이벤트로 자기하고 점심을 먹을 수 있는 기회를 경매에 올려. 그리고 그렇게 번 돈을 전부 자선단체에 기부하지. 그런데 그 가격이 얼마인 줄 알아?"

"음. 그렇게 유명한 사람이라면 한 1,000만 원?"

"아니. 2022년에는 246억 원에 낙찰이 됐대."

"대박! 그게 말이 돼? 나 같으면 그 사람이랑 점심 안 먹고 그 돈으로 평생 놀고먹겠다."

"그 정도로 그 사람이 대단하다는 거지. 근데 그 사람이 오늘날 자

● 워런 버핏
워런 버핏(1930~)은 세계 최고의 투자자로 여겨지는 사람입니다. 주식 투자로 전 세계 다섯 손가락에 꼽히는 부자가 될 만큼 엄청난 재산을 쌓았습니다. 억만장자이면서도 검소한 생활 태도와 끊임없는 기부로 존경을 받고 있습니다.

기를 있게 한 스승이 두 명 있다고 했대. 한 명은 벤저민 그레이엄°
이고 다른 한 명은 필립 피셔°야. 그런데 이 두 사람은 투자 스타일

이 정반대였어."

"어떻게?"

"벤저민 그레이엄은 주식에 좋고 나쁨이 없다고 했어."

● **벤저민 그레이엄**
벤저민 그레이엄(1894~1976)은 주식 투자에 과학적 분석을 도입한 '증권 분석'의 창시자입니다. 그는 충분한 분석을 통해 원금의 안정과 적절한 수익을 보장할 수 있어야 투자라 부를 수 있으며, 이외의 모든 것은 투기라고 이야기했습니다.

● **필립 피셔**
필립 피셔(1907~2004)는 '성장주'라는 개념을 처음 제시한 투자자입니다. 그는 현재 주가가 비싸더라도 성장성이 높은 회사라면 미래를 보고 투자해야 한다고 이야기했습니다.

"에이, 말도 안 돼. 지난번에 분명히 괜찮은 회사 주식을 사서 오랫동안 가지고 있으라고 했잖아. 그럼 괜찮은 회사 주식이 좋은 주식 아니야?"

"맞아. 맞는 말이야. 근데 이 사람은 단순히 좋은 회사인지 나쁜 회사인지가 중요한 게 아니라 실제 가치보다 싸게 거래되는 회사인지 비싸게 거래되는 회사인지가 더 중요하다고 했어."

"무슨 말인지 잘 모르겠는데."

"예를 들어 줄게. A라는 회사가 있어. 이 회사는 전기차 배터리를 만드는 회사야. 앞으로 유망할 거라고 생각되는 산업이지. 기술력도 뛰어나고 돈도 잘 벌고 있어. 그리고 앞으로 1등 사업자가 되기 위해서 투자를 더 늘리겠대. 그럼 이 회사는 좋은 회사야?"

"당연하지. 그런 회사가 좋은 회사가 아니면 뭐가 좋은 회사겠어?"

"맞아. 좋은 회사야. 근데 이 회사의 가치를 평가해 보니까 100억 원 정도 되는 거 같아. 근데 실제 주식은 200억 원에 거래되는 중이야. 그럼 넌 이 회사에 투자를 할 거야?"

"응? 그러면 두 배 비싸게 거래되는 거 아냐? 그건 학교 앞에 있는 할인점에서 600원이면 살 수 있는 아이스크림을 편의점에서 1,200원 주고 사 먹는 느낌인데? 나라면 안 사지."

"그거야. 벤저민 그레이엄은 주식에 두 종류가 있다고 했어. 하나는 실제 가치보다 싸게 거래되는 주식이고, 다른 하나는 실제 가치보다 비싸게 거래되는 주식이야. 그래서 단순히 좋다고 생각되는 회사에 투자할 게 아니라 실제 가치보다 싸게 거래되는 회사에 투자하라고 했지."

"그럼 가격만 싸면 나쁜 회사에 투자해도 된다는 거야?"

"응, 맞아. 매년 손실을 보는 회사가 있다고 가정해 보자. 아까는 A

회사라고 했으니 이번에는 B 회사라고 할게. B 회사는 사업이 잘 안되니까 일하는 직원들도 계속 줄이고 있고, 신제품 개발도 못하고 있어. 누가 봐도 조만간 망할 것 같고, 지금 망해도 전혀 이상하다는 생각이 안 들 정도야. 그런데 이 회사가 가지고 있는 부동산이 어마어마해. 회사의 시가 총액은 10억 원 정도인데 가지고 있는 부동산 가치는 20억 원이 넘어. 그러면 혹시 이 회사가 망한다고 해도 부동산을 팔아서 주주들이 나눠 가지면 투자한 금액의 두 배는 벌 수 있지 않을까? 그럼 너는 이 회사에 투자할 거야?"

"그러네. 중요한 건 회사의 가치에 비해 싸게 거래되는지 비싸게 거래되는지라는 말이지?"

"응. 그래서 벤저민 그레이엄은 철저히 싸게 거래되는 주식만 사서 적정 가격이 될 때까지 보유하는 방식으로 투자했대."

"오, 좀 신선한데? 그럼 다른 사람은 어떤 투자 스타일이었어? 아까 스승이 두 명이라고 하지 않았어?"

성장할 회사만 사라

"벤저민 그레이엄이 주식 가격에 집중했다면 필립 피셔는 가격보다 회사 자체에 집중했어. 앞으로 성장할 가능성이 큰 회사라면 현재

가치보다 비싸게 거래되더라도 투자를 해야 한다고 했지."

"어쩜 이렇게 반대로 이야기하지? 워런 버핏도 혼란스러웠겠다. 스승이라고 두 명이 있는데, 각자 딴소리를 하니깐."

"아빠가 예로 든 두 회사 기억나? 돈 잘 버는 A 회사랑 망해 가는 B 회사."

"기억나지. 나 아빠가 뭘 질문할지 알 거 같아. 벤저민 그레이엄은 망해 가더라도 부동산이 많은 B 회사에 투자를 할 거 같고, 필립 피

셔는 좀 비싸도 사업을 잘하는 A 회사에 투자를 하겠지? 이거 물어
보려고 그랬지?"

"오, 대단한데. 이제 척하면 착이네. 맞아. 위대한 투자자들도 각자
스타일이 달라서 각자가 선호하는 투자 대상도 달랐어."

"그런데 필립 피셔는 너무 비싸게 사서 나중에 손해 보는 거 아냐?
아무리 좋은 것도 너무 비싸게 사면 결국 손해잖아."

"그렇게 생각할 수도 있지. 근데 필립 피셔는 성장성이 충분하다면
아무리 비싸더라도 지금 당장 사라고 했어. 대신 충분한 수익을 올리
기 위해서 시간이 좀 필요했지. 그래서 피셔의 스타일을 한마디로 말
하면 '성장주에 투자하고 장기간 보유하라.'야."

"성격 급한 사람들은 그렇게 하기 힘들겠다. 그치?"

"아무래도. 근데 그 사람이 투자한 종목 중에 모토로라라는 통신
회사가 있었거든? 필립 피셔가 1955년에 그 회사 주식을 사서 죽을
때까지 가지고 있었는데 수익률이 무려 25만 퍼센트였대."

"우와, 엄청나네. 그러면 주식은 도대체 언제 팔아?"

"필립 피셔는 훌륭한 회사를 너무 일찍 파는 게 투자자들이 하는
가장 큰 실수라고 했어. 좋은 회사일수록, 오래 보유할수록 수익이
커진다는 거지. 그래서 투자한 회사가 더 이상 자기 기준에 맞지 않
는다는 판단이 들 때만 주식을 팔았대."

"그렇구나. 재밌네. 혹시 또 다른 투자 스타일은 뭐가 있어?"

"음, 누가 있을까? 아, 피터 린치*에 대해 이야기해 주면 좋겠구나. 피터 린치는 '월스트리트의 영웅'이라고 불리는 사람이야."

"영웅? 누굴 구하기라도 한 거야?"

"펀드 매니저였거든. 너 펀드 매니저가 뭐 하는 사람인지 알아?"

"뭐, 펀드를 관리하는 사람이겠지. 그런데 그게 왜?"

"펀드는 사람들이 맡긴 돈을 가지고 대신 투자를 해 주는 상품이거든. 피터 린치는 펀드를 운용하던 사람이었어. 그 사람이 얼마나 대단했냐면 1977년부터 1990년까지 운용한 펀드의 수익률이 무려 연평균 30퍼센트 정도였대. 그 정도면 펀드에 투자한 사람들에게는 거의 신적인 존재였겠지? 그래서 영웅이라는 별명이 생겼나 봐."

"어떻게 투자했길래 그렇게 오랫동안 많은 수익을 낸 거야?"

10배 오를 회사만 사라

"피터 린치는 기본적으로 10배 이상 오를 수 있는 회사를 찾아야

● 피터 린치
피터 린치(1944~)는 역사상 가장 위대한 펀드 매니저로 불리는 사람입니다. 뛰어난 투자 실력을 바탕으로 운용하던 펀드를 세계 최고의 펀드로 만들었습니다. 그러나 가족과 더 많은 시간을 보내는 것이 중요하다고 생각해 1990년 46세의 나이로 은퇴했습니다.

한다고 했어. 근데 그런 회사는 우리 주변에 있을 거라고 했지. 그래서 가족들이랑 쇼핑을 할 때마다 어떤 매장에 자주 가는지, 어떤 상품을 많이 사는지 유심히 봤대. 그리고 집에 와서 사 온 물건들을 살펴보면서 투자할 회사를 찾았대."

"아, 사람들에게 인기 많은 제품을 만드는 회사일수록 돈을 많이 벌기 때문인가?"

"그렇지. 뭐 이런 식이야. 매일 직장인들이 아침을 먹는 모습을 보고 커피랑 도넛을 파는 회사인 던킨에 투자를 하는 거지. 그리고 가족들이랑 여행을 갔다가 부리토를 먹었는데, 너무 맛있는 거야. 그래서 그 부리토를 파는 타코벨이라는 회사에 투자를 했대. 물론 단순히 사람들한테 인기가 있는지 없는지만 본 건 아니고, 투자하기 전에 그 회사를 철저히 분석했겠지?"

"생활 속에서 투자 아이디어를 찾은 거네. 나도 이제 마트 가면 엄마가 뭘 사는지 잘 봐야겠다."

"그래. 그건 좋은 자세야. 투자에 대한 아이디어는 우리 주변에 널려 있어. 다만 그런 아이디어를 찾을 수 있고 없고는 관심의 차이야. 참, 필립 피셔와 피터 린치의 중요한 차이가 또 생각났다."

"뭔데?"

"바로 투자하는 회사 수야. 필립 피셔는 집중 투자를 선호했어. 보통은 서너 개의 회사를 골라서 자기 투자금의 75퍼센트 정도를 투자

했대. 반면에 피터 린치는 다양한 회사에 투자를 했어. 피터 린치가 투자한 회사만 무려 1만 5,000곳 정도였대."

"1만 5,000곳? 어떻게 그렇게 많은 회사에 투자를 할 수 있지? 이것 저것 좋다는 데에는 다 투자한 거 아냐?"

"에이, 당연히 아니지. 피터 린치가 일 년에 방문한 회사만 200곳이 넘는다고 해. 기업 보고서만 매년 700개 이상을 읽었다는 얘기도 있어. 이렇게 노력해서 투자할 회사를 골랐던 거야. 엄청난 노력이 있었으니까 영웅이라는 별명이 붙은 거 아닐까?"

"역시 노력이 중요하구나."

"그렇지. 이런 이야기 들으면 갑자기 공부를 더 열심히 해야겠다, 뭐 이런 생각 안 들어?"

"아빠, 나 오늘 시험 끝났어. 뭘 또 공부 이야기야?"

"네가 그랬잖아. 역시 노력이 중요하다고. 학생이 지금 뭘 해야 해? 공부 아냐? 그러니까 공부 열심히 하라고 했지. 아빠가 뭐 일부러 공부 이야기했나?"

"아, 몰라. 오늘은 시험 끝났으니까 그동안 못한 게임 할 거야."

"그래, 알았다. 이왕 이렇게 된 거 오늘은 푹 쉬고."

"오케이."

서울에서 부산까지 가기 위해서는 어떤 방법이 있을까요? 일반적으로는 기차 또는 비행기를 타거나 부모님이 운전하는 자동차를 타고 가는 방법을 생각할 수 있습니다. 하지만 시내버스를 여러 번 갈아타고 가거나 자전거를 타고 가는 사람도 있습니다. 심지어 유튜브를 보면 국토대장정을 하기 위해 부산까지 걸어가는 사람도 종종 볼 수 있습니다. 이처럼 방법은 다양하지만 목적은 하나입니다. 바로 부산까지 가는 것이죠.

투자 또한 마찬가지입니다. 대부분의 사람이 하는 방법보다는 자신만의 방법을 찾아 성공한 사람들이 있습니다. '월스트리트의 이단아'라고 불리는 제럴드 로브도 그런 사람입니다. 그는 분산 투자보다는 집중 투자를, 장기 투자보다는 수시로 사고 팔기를 반복했습니다. 다양한 회사에 투자하기보다는 자신이 잘 아는 몇몇 회사만을 반복적으로 매매하면서 무려 3억 달러가 넘는 돈을 벌었습니다.

주식 매수 타이밍의 대가로 불리는 투자자 윌리엄 오닐도 남들과는 다른 방법을 사용했습니다. 그는 주가가 일정한 수준에서 올랐다

내렸다를 반복하는 박스권을 벗어나 신고가, 즉 일정 기간 동안 없었던 높은 가격을 기록하는 주식에 주목했습니다. 최고의 수익률을 올리는 주식은 대부분 신고가 근처에서 거래량이 폭발적으로 증가한다는 것이 그의 생각이었습니다. 그래서 '쌀 때 사서 비쌀 때 팔아라.'라는 말은 틀렸다고 주장했습니다.

제시 리버모어는 '추세 매매'라는 투자법을 만들어 낸 사람입니다. 추세 매매란 주가가 상승할 때는 주식을 사고, 반대로 하락할 때는 공매도를 통해 돈을 버는 전략입니다. 공매도는 다른 사람에게 주식을 빌려서 매도하는 방법으로, 주가가 내리면 짧은 기간 동안 매매차익을 올릴 수 있지만 빚을 내서 투자를 하는 셈이어서 굉장히 위험한 방식이기도 합니다. 제시 리버모어 역시 큰돈을 벌기도 했지만 여러 차례의 파산을 경험하기도 했습니다.

3. 드디어 시작한 주식 거래

혹시 실물 주식을 본 적이 있나요? 물론 아무도 없을 거예요. 아주 옛날에는 종이에 적힌 실물 주식이 있었지만 이제는 모두 전산화가 되어 온라인으로만 주식 거래가 가능하기 때문이에요. 실물이 있는 아이스크림이나 과자는 가게에 가서 돈이나 신용 카드를 이용해 살 수 있지만 실물이 없는 주식은 좀 다릅니다. 그래서 주식을 사고팔기 위해서는 다른 물건을 살 때와는 조금 다른 준비가 필요해요. 여기서는 주식 거래를 위해 무엇이 필요한지, 어떤 준비를 해야 하는지 함께 알아보기로 해요.

"지우야, 뭐 해? 바빠?"

"책 읽고 있는데, 왜?"

"그동안 투자가 뭔지 어느 정도 공부한 거 같은데, 이제 진짜 주식 투자를 시작해 보면 어떨까?"

"진짜? 그럼 나도 이제 주식 갖는 거야? 근데 나 아직 돈 얼마 못 모았는데……. 아빠가 기념으로 사 주면 좋겠다. 뭐 사 줄거야?"

"이 녀석, 그렇게 좋아?"

"응, 나도 주식 갖고 싶어."

"그럼 빨리 옷 갈아입어. 주식 계좌 만들러 가자."

"어디로 가는 거야?"

"요 앞에 있는 증권 회사에 가려고."

"증권 회사? 그건 뭐 하는 데야?"

"증권 회사는 금융 회사의 한 종류야. 금융 회사마다 각자의 역할이 있다고 보면 돼. 너 은행은 가 봐서 알지? **은행은 여윳돈이 있는 사람하고 돈이 부족한 사람을 연결하는 역할을 해.** 사람들이 돈을 은행에 맡기면 은행은 그 돈을 모아서 돈이 필요한 사람들에게 빌려주는 거야."

"내가 은행은 알지."

"그럼 보험 회사는 어떨까? **보험 회사는 사고가 나면 보험금을 줘서 사고를 당한 사람이 문제없이 생활할 수 있도록 도와주는 회사야.**

예를 들어 아빠가 갑자기 교통사고로 입원하면 일을 못 하니까 돈을 못 버는데 병원비는 많이 들겠지? 그럴 때 보험금을 받게 되면 당분간 우리 가족이 생활하는 데에는 큰 도움이 될 거야."

"그럼 증권 회사는?"

"증권 회사는 사람들이 주식을 사고팔 수 있도록 도와주는 역할을 해. 그래서 주식을 사거나 팔 때는 꼭 증권 회사의 계좌가 필요한 거야. 증권 회사 계좌에 돈을 넣으면 그 돈으로 주식을 살 수 있어. 반대로 주식을 팔면 증권 회사 계좌로 돈이 들어오는 거지."

"아, 그럼 주식을 사고팔 수 있는 은행 계좌 같은 거네?"

"맞아. 근데 사실 요즘은 증권 회사에 직접 가지 않아도 스마트폰을 이용해서 비대면°으로 계좌를 만들 수도 있어. 그래도 너는 처음이니까 이왕이면 직접 가서 만들어 보자. 은행에 가도 되긴 하는데 이왕이면 증권 회사 구경도 해 보는 게 좋으니까."

"은행에 가도 된다고? 증권 회사에 가야 된다며?"

"응. 증권 회사는 지점이 적은 경우가 많아서, 은행에서 증권 계좌 만드는 걸 대신 처리해 주기도 해."

"그렇구나. 우리 빨리 주식 계좌 만들러 가자, 응?"

"알았어. 평소에 어디 나가자고 하면 엄청 꾸물대더니 오늘은 엄청 적극적인데? 그래. 이왕 말 나온 거 빨리 가서 만들고 오자."

주식은 어떻게 살 수 있을까?

"아빠, 이제 주식 계좌도 만들었으니 빨리 주식 사 줘."

"잠깐만, 아직 해야 할 일이 더 있어."

"계좌도 만들었고, 거기에 돈도 넣었잖아. 근데 뭘 또 해?"

"주식을 사고팔려면 크게 두 가지 방법이 있어."

"두 가지? 뭔데?"

"하나는 증권 회사에 사 달라고 부탁하는 거야. 직접 가서 이야기하거나 전화로 이야기하는 거지."

"잠깐, 우리 방금 증권 회사 갔다 왔잖아. 그럼 그때 왜 주식을 안산 거야?"

"다 이유가 있지. 이 방법은 증권 회사 직원이 업무를 대신 처리해 줘야 하잖아. 그래서 수수료가 비싸."

"수수료? 주식을 사는 데 수수료를 내야 돼?"

"당연하지. 증권 회사는 어떻게 돈을 벌까? 주식을 사고팔 때마다 거래 금액에 대해서 일정한 비율로 수수료를 받거든. 이게 증권 회사의 주요한 수입원이야."

● 비대면
서로 얼굴을 마주 보고 대하지 않는다는 뜻으로, 온라인을 통해 필요한 업무를 처리하는 것을 의미합니다.

"아, 알겠다. 아직 얘기 안 한 다른 방법이 수수료가 더 싸서 그러는 거지?"

"맞아. 온라인으로 직접 하는 방법이 있지. 모바일로 앱을 다운로 드받거나 컴퓨터에 프로그램을 깔아서 거래하면 돼. 이렇게 하면 증권 회사 직원을 통하지 않아도 되니까 수수료가 훨씬 저렴하겠지?"

"그럼 나는 뭘 하면 돼?"

"스마트폰에 앱을 까는 중이야. 조금만 기다려 봐."

"알았어."

"자, 이제 로그인을 하고 사고 싶은 주식을 검색해 보자. '주식 주문' 탭을 누르고 원하는 주식을 검색하면 돼."

"생각보다 쉽네. 조회했어."

"이제 주식을 살 건데, 그 전에 알아야 되는 말이 있어."

"뭔데?"

"매수, 매도, 이 말이 무슨 뜻인지는 알고 있지?"

"당연하지. 매수는 사는 거고, 매도는 파는 거잖아. 내가 그것도 모를까 봐?"

"설마 제일 기본인데 그것도 모를 거라고 생각했겠어? 근데 실수로 매수랑 매도를 잘못 선택해서 반대로 거래가 되는 경우가 있으니까 조심하라는 뜻에서 물어본 거야. 그럼 주문 방법을 알아보기 전에 퀴 즈 하나. 너 우리나라 인구가 몇 명인지 알아?"

"당연하지. 5,000만 명이 좀 넘잖아."

"그래. 그중에 주식 투자를 하는 사람이 몇 명쯤 될까?"

"글쎄, 한 100만 명?"

"땡. 2021년에 이미 1,000만 명이 넘었다고 해."

"뭐? 그렇게 많아? 다섯 명 중 한 명이 주식 투자를 한다고?"

"그렇지. 5,000만 명 중에 너처럼 미성년자를 빼면 실제로 어른 중에는 주식 투자를 하는 비율이 엄청 높겠지? 그러면 그 많은 사람들이 주식 주문을 넣는다고 생각해 봐. 누구 주문을 먼저 처리할 거야? 그런 문제가 생기지 않을까?"

누구 주식이 먼저일까?

"뭔가 기준이 있겠지. 퀴즈 프로그램 보면 버저를 먼저 누른 사람에게 기회를 주잖아."

"예리한데? 주식 주문에서 우선권은 가격, 시간, 수량 순이야."

"음, 그럼 가격을 높게 부른 사람이 먼저라는 얘기지?"

"그건 반만 맞는 말이야. 왜냐면 주식을 사려는 사람이랑 팔려는 사람의 기준이 다르기 때문이야."

"왜 기준이 달라야 하는데?"

"잘 봐 봐. 사려는 사람이 열 명인데 팔려는 사람은 한 명이야. 그러면 팔려는 사람 마음대로 팔면 되겠지? 만약 네가 파는 사람이라면 누구한테 팔 거야?"

"제일 비싸게 사겠다는 사람. 그래야 이익이잖아."

"그렇지. 그래서 주식을 살 때, 즉 매수할 때는 가격을 높게 부른 사람이 먼저야. 하지만 팔 때는? 팔려는 사람이 열 명인데 사겠다는 사람은 한 명이면 사는 사람은 가장 낮은 가격에 파는 사람한테 사겠지? 그래야 이익이잖아. 그래서 팔 때, 즉 매도할 때는 가격이 가장 낮은 사람이 먼저야."

"아, 알겠다. 이제 좀 이해가 되네. 그래서 가격이 우선이고 똑같은 가격이 있으면 누가 먼저 주문했느냐가 중요한 거구나?"

"맞아. 1초라도 먼저 주문한 사람이 우선인 거지. 시간도 같으면 그 다음은 수량이야. 주문한 수량이 많을수록 더 먼저 사거나 팔 수 있는 거지. 이게 일단 기본 원칙이야."

"오케이. 가격, 시간, 수량."

"근데 만약에 거래를 더 빨리 체결하고 싶어. 그러면 그 세 가지 중에 유연하게 바꿀 수 있는 건 뭐가 있을까?"

"음, 아무래도 가격이겠지? 시간은 결심했을 때 바로 하는 방법밖에 없을 거 같고, 타이밍을 조절할 수 있는 게 아니잖아. 그리고 수량은, 음······. 빨리 사려고 수량을 막 늘릴 수도 없지 않을까? 어차피 살 수 있는 돈은 한정된 거 아냐? 그러니까 가격만 상황에 따라 바뀌는 게 아닐까?"

"딩동댕. 그래서 가격을 어떻게 정하느냐에 따라 다양한 주문 방법이 있어. 일반적으로는 지정가 주문이랑 시장가 주문을 많이 써."

지정가 주문과 시장가 주문

"지정가 주문은 가격과 수량을 지정해서 주문을 내는 거지?"

"응. 가장 많이 사용되는 방식이 바로 지정가 주문이야. 그래서 지정가 주문 방식을 '보통'이라고 표시해. 지정가 주문은 거래를 무조건 체결하는 것보다 원하는 가격에 사거나 파는 게 더 중요할 때 사용하는 방식이지. '나는 이 가격 이하로는 팔지 않겠다.' 또는 '이 가격일 때 사겠다.'라고 생각한다면 지정가 주문을 사용하겠지."

"그러면 주문을 했는데 못 사거나 안 팔릴 때도 있겠네? 매번 원하는 가격에 거래할 수 있는 건 아니잖아."

"그렇지. 그래서 중간에 생각이 바뀌면 기존 주문을 취소하고 다시 주문하거나 정정할 수도 있어."

"그럼 시장가 주문은?"

"너 시장가가 무슨 말인지 알아?"

"시장에서 거래되는 가격?"

"맞아. 시장에서 형성된 가격을 시장가라고 해. 원하는 가격에 거래하기보다는 거래가 성립되는 자체가 더 중요할 때 사용하는 방법이지. 시장에서 형성된 가격에 거래가 이뤄지기 때문에 굳이 가격은 지정할 필요가 없고 원하는 수량만 지정해서 주문하는 방식이야."

"근데 주식은 가격이 수시로 바뀌잖아. 그럼 시장가 주문을 하면 내가 얼마에 사거나 팔지는 모르는 거네?"

"응. 먼저 주문한 사람들의 거래가 다 끝나야 내 차례가 돌아오는 거니까 그 사이에 가격이 얼마나 바뀔지는 아무도 모르지. 그래도 빨리 거래하고 싶으면 시장가 주문이 편리하긴 해."

"이제 알 거 같아. 그럼 이제 슬슬 주문해 볼까? 주식 계좌도 처음 만들고 했으니 오늘을 기념해서 주식을 꼭 사야겠어. 나는 시장가 주문을 해 봐야겠다. 어, 근데 좀 이상한데……. 뭐가 잘 안되는 거 같은데?"

"앗, 뭐야 시간이 벌써 이렇게 됐네. 설명을 하다가 보니 주식 거래 시간이 다 지나 버렸네."

"뭐? 아무 때나 할 수 있는 게 아니었어?"

"응. 일반적으로 주식 거래 시간은 평일 오전 9시부터 오후 3시 반까지거든."

"에이, 아쉽다. 좀 빨리 할걸. 그럼 내일 하는 수밖에 없네. 이왕 이렇게 된 거 내일은 오늘보다 가격이 더 떨어졌으면 좋겠다."

"그건 아무도 모르지."

더 알아보기

PER, PBR, ROE

시장에서 과일을 사 본 적이 있나요? 시장에 가면 과일을 파는 가게도 여러 곳이고 가게마다 품질과 가격이 조금씩 다른 경우가 많습니다. 그래서 이곳저곳을 둘러 보고 어디서 살지를 정해야 너무 비싼 가격에 사는 실수를 줄일 수 있습니다. 주식의 경우에도 마찬가지로, 투자하려는 주식이 과연 적정한 가격인지를 파악하는 것이 중요합니다. 이를 위해 가장 기본적으로 살펴볼 수 있는 지표가 세 가지 있습니다. 바로 PER, PBR, ROE입니다.

PER = 주가 ÷ 주당순이익

PBR = 주가 ÷ 주당순자산

ROE = 당기순이익 ÷ 자기자본

PER(Price Earning Ratio, 주가수익비율)은 회사의 수익에 비해 주가가 적정한지를 알려 주는 지표로, 주가를 주당순이익으로 나누어 구합니다. 여기서 주당순이익은 회사의 순이익(순수한 이익: 수익에서 비용을 뺀 뒤 남은 이익)을 주식 숫자로 나눈 값인데, 주식 1주당 얼마의 순이익을 올리는지를 나타냅니다. 일반적으로 PER의 숫자가 낮을수록 앞으로 상승할 가능성이 높다고 판단합니다.

PBR(Price Book-value Ratio, 주가순자산비율)은 주가가 회사의 순자산에 비해 어느 정도 수준인지를 판단하는 지표로, 주가를 주당순자산으로 나누어 구합니다. 여기서 주당순자산이란 회사의 순자산(순수한 자산: 전체 자산에서 부채를 뺀 뒤 남은 자산 금액)을 주식 숫자로 나눈 값인데, 주식 1주당 얼마만큼의 자산 가치가 있는지를 나타냅니다. PBR은 1을 기준으로 판단하는데, PBR이 1이면 당장 회사가 망하더라도 회사의 자산을 팔아 투자금을 모두 회수할 수 있다는 의미입니다. 그래서 PBR이 1보다 작을 경우 현재의 주가가 저평가되어 있다고 판단합니다.

ROE(Return On Equity, 자기자본수익률)는 회사가 자기자본을 활용하여 얼마나 많은 돈을 벌어들였는지를 파악할 수 있는 지표로, 당기순이익을 자기자본으로 나누어 구합니다. 여기서 자기자본이란 회사의 자본 중에서 부채를 뺀 금액이고, 당기순이익이란 일정 기간의 순이익을 말합니다. ROE를 구해 보면 회사의 운영을 얼마나 효율적으로 했는지를 알 수 있습니다. 워런 버핏의 경우 ROE가 15퍼센트 이상인 종목에 투자할 것을 권하기도 했습니다.

4. 주식은 왜 오르고 떨어질까?

몇날 며칠을 살펴봐서 괜찮아 보이는 회사의 주식을 샀지만 사자마자 가격이 계속 떨어진다면 기분이 좋지 않을 수 있습니다. 하지만 너무 낙담하지 않아도 괜찮아요. 주식 가격이 오르고 떨어지는 일은 아주 흔한 일이에요. 주식 가격은 정말 셀 수 없을 만큼 많은 원인에 의해 파도가 치듯이 출렁거릴 수 있어요. 바람이 잦아들면 파도가 다시 잠잠해지는 것처럼, 정말 괜찮은 회사가 맞다면 꾸준히 오를 거예요. 여기서는 주식 가격이 왜 그렇게 출렁거리는지, 투자를 하려면 무엇을 잘 알아봐야 하는지 함께 짚어보기로 해요.

"아빠, 나 아무래도 주식 투자가 적성에 안 맞나 봐."

"갑자기 무슨 소리야?"

"지난주에 산 주식이 며칠째 계속 떨어지네. 그걸 보니까 내가 주식 투자를 왜 했나 싶기도 하고, 괜히 마음도 우울해지고 그러네."

"그런 걱정하지 마. 주가는 오르기도 하고 떨어지기도 하는 거야. 이번에 네가 투자한 회사는 아빠가 생각하기에도 괜찮은 회사니까 걱정하지 말고 마음 편하게 가져도 돼."

"아빠가 부자 되는 가장 쉬운 방법이 주식 투자라고 했잖아. 근데 나는 사자마자 손실이야. 이러다 내가 투자한 돈이 다 날아가는 건 아닌지 모르겠어. 아빠가 물어내."

투자는 장기적으로

"하하하, 손실을 보니까 기분이 많이 상했구나. 주식 투자가 부자되는 쉬운 방법인 건 맞아. 그런데 거기에 중요한 가정이 있었어. 혹시 기억나?"

"그랬나? 잘 기억 안 나는데, 그게 뭐야?"

"바로 '장기적으로'라는 말이야. 혹시 이제 기억나?"

"들어 본 것 같긴 한데, 그 말이 있든 없든 무슨 차이야. 내 주식은 지금 떨어지고 있는데. 안 좋은 회사라 사람들이 지금 막 팔고 있는 거 아냐?"

"요 며칠 마음고생이 심했나 보구나. 왜 주식 투자를 장기적인 관점에서 바라봐야 하는지 아빠가 설명해 줄게. 혹시 개를 산책시키는 사람 본 적 있지?"

"갑자기 그건 왜? 당연히 본 적 있지. 공원에 그런 사람 많잖아."

"그럼 그 개는 주인하고 나란히 걸어가?"

"아니, 주인 걸어가고 있으면 여기도 기웃거리고 저기도 기웃거리면서 왔다 갔다 하지."

"그치? 개가 그렇게 여기저기 왔다 갔다 하지만 결국에는 산책을 마치고 주인하고 집에 들어가겠지?"

"아빠 좀 이상하다. 무슨 그런 질문을 해. 당연히 집에 같이 들어가지. 개가 어디를 가겠어."

"그렇지? 그럼 이제는 주인과 개를 회사에 비유해 보자."

"회사? 어떻게?"

"주인이 회사의 가치를 의미한다면 개는 뭐에 비유할 수 있을까?"

"개? 뭔데?"

"그 회사의 주가를 의미해."

"주가? 무슨 소리야?"

"보자. 이 회사가 장기적으로 가치가 두 배 오를 회사야. 그렇다면 주가도 그에 맞춰 두 배 오르겠지?"

"그렇겠지?"

"회사의 가치를 의미하는 주인은 목적지를 향해 앞으로 쭉 가고 있어. 근데 회사의 주가인 개는 어땠지? 주인보다 앞서기도 하고 뒤서기도 하면서 이리저리 정신없이 다녔지? 공원에서 집까지 가는 동안을 장기간이라 보면 앞서거니 뒤서거니 하는 그 순간은 단기적인 거야. 한마디로 아무리 좋은 회사도 짧은 시간 동안의 주가 움직임을 보면 무슨 롤러코스터라도 탄 것처럼 올랐다가 내렸다가를 반복해. 그래서 매일매일 주가를 보면서 기뻐하거나 슬퍼할 필요는 없어. **중요한 건 단기적인 게 아니라 장기적인 관점에서 투자를 해야 한다는 점이야.** 좋은 회사라면 장기적으로 주가는 반드시 오르거든.”

“아, 그래서 아빠가 '장기적'이라는 말을 강조한 거구나.”

“너 혹시 예전에 아빠가 앙드레 코스톨라니라는 투자자 이야기한 거 기억나?”

“알지. 부자가 되는 세 가지 방법 얘기해 줬잖아. 그분 이야기 들으면서 나도 주식 투자를 하겠다고 생각했는데.”

“응, 맞아. 그래서 그분이 이런 말도 했어. '우량주를 사라. 그리고 수면제를 먹고 몇 년 동안 푹 자라. 그러면 엄청난 기적을 맛볼 것이다.' 그런데 왜 수면제를 먹고 자라고 했을까?”

“단기적으로 주가가 많이 떨어질 수도 있어서? 사실 나도 주식을 사자마자 자꾸 떨어지니까 그냥 팔고 싶다는 생각이 많이 들었어. 근데 아빠 얘기 들어 보니까 그렇게 자꾸 신경 쓰면 주식 투자 못할 거 같아.”

“그러니까 너무 단기적인 주가의 움직임에 신경을 쓰면 안 되는 거야. 좋은 회사를 골라서 주식을 샀다면 그 회사를 믿고 기다릴 필요도 있는 거지. 알겠지?”

주가는 왜 오르락내리락할까?

"그런데 왜 주가는 그렇게 매일 올랐다가 떨어졌다가 하는 거야? 회사의 가치가 시시각각 바뀌는 것도 아니잖아."

"좋은 질문이야. 우리가 투자를 할 때 그 회사에 대해 잘 알아보고 투자를 하잖아. 어떤 사업을 하는지, 돈은 잘 버는지, CEO는 어떤 철학을 가지고 회사를 운영하는지, 제품 개발에는 얼마나 투자를 하는지 등등 여러 가지를 꼼꼼히 살펴보고 투자를 결정하잖아. 근데 회사의 가치가 내부적인 역량에 의해서만 결정되는 건 아니야. 외부적인 요인도 중요해."

"외부적인 요인?"

"응, 좀 더 쉽게 설명해 줄게. 어떤 사람이 큰 시험을 앞두고 있다고 생각해 봐. 그 사람의 시험 성적에 가장 큰 영향을 미치는 건 뭘까?"

"아무래도 개인의 노력이겠지. 공부를 열심히 했으면 좋은 성적을 받을 수 있을 거니까."

"맞아. 이 사람이 엄청나게 열심히 공부를 했다고 치자. 주변 사람 모두가, '이 사람이 1등을 하겠다.'고 생각할 정도로. 근데 시험을 며칠 앞두고 문제가 생겼어. 갑자기 태풍이 와서 집이 물에 잠겨 버린 거야. 그러면 공부하던 책이나 노트 같은 것도 다 못 쓰게 됐을 거야. 그리고 집이 물에 잠기다 보니까 다시 집에 들어가서 살려면 수리를

213

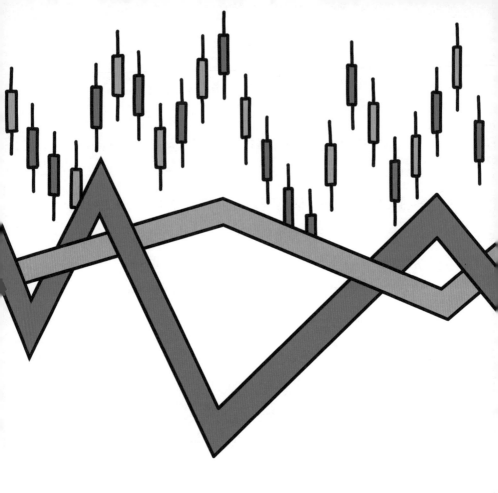

해야겠지? 그럼 수리를 하는 동안은 다른 데서 살아야 할 거고, 공부

할 장소도 아마 없을 거야. 그런 상황에서 시험을 보면 어떨까?"

"1등은 못할 거 같은데. 그래도 그동안 노력한 게 있으니까 어느 정

도는 성적이 나오지 않을까?"

"그렇겠지? 그러니까 모든 결과는 나만 잘한다고 되는 게 아니야.

외부적인 요인도 중요하지. 여기서 외부적인 요인은 뭐였을까?"

"집이 태풍 때문에 침수된 거?"

"응, 맞아. 그런데 이런 외부적인 요인은 개인이 통제할 수 있는 게 아니야. 그냥 주어진 상황을 받아들일 수밖에 없는 거야. 이건 회사도 마찬가지야."

"아, 그럼 회사의 주가도 그런 외부적인 요인에 영향을 많이 받는 거네?"

"맞아. 다양한 외부 정보들이 실시간으로 주가에 영향을 미쳐. 그 외부 요인이 긍정적인 영향을 미치면 주가가 오를 수도 있고, 부정적인 영향을 미치면 주가가 내릴 수도 있어. 그건 아무도 모르는 거야."

"그럼 긍정적인 요인에는 뭐가 있어?"

"음, 한류 같은 걸 생각해 봐. BTS도 그렇고 외국에서 우리나라 대중문화 열풍이 불었잖아. 그러다 보니까 외국인들 사이에서 한국 패션이나 화장품, 음식 같은 다양한 분야가 인기를 얻게 됐지. 이렇게 외국인들이 우리 문화를 좋아하면 회사 입장에서는 뭐가 좋을까?"

"수출이 늘어나나?"

"맞아. 우리나라 연예인에 대한 관심이 높아지면 연예인들이 입는 옷이나 액세서리, 화장품 같은 게 잘 팔릴 거고, 자연스럽게 수출도 늘어날 거야. 간접적으로는 우리나라에 대한 이미지가 좋아지면 우리나라 회사의 이미지도 덩달아 높아지겠지. 그러면 같은 제품이 있어도 다른 나라 제품보다 우리나라 제품을 선호하지 않을까?"

"그러네. 우리나라에 호감이 있는 사람이면 아무래도 우리나라 제품을 살 수 있을 거 같아."

"그래. 회사들도 한류 덕분에 수출이 늘어날 수 있겠지? 그럼 이런 외부적인 요인은 당연히 긍정적이라고 볼 수 있겠지?"

"그럼 부정적인 효과는 어떤 게 있어?"

"만약에 어떤 회사가 외국에서 원자재를 수입해다가 제품을 만들어서 판다고 생각해 보자. 그런데 어느 날, 원자재를 수입하는 그 나라에서 전쟁이 난 거야. 그래서 한동안 원자재를 구할 수 없게 됐어. 그럼 그 회사는 어떨 거 같아?"

"재료를 못 구하면 물건을 만들 수 없는 거 아냐?"

"맞아. 가지고 있던 재고만큼은 물건을 만들 수 있을 텐데 원자재 수입이 계속 안 되면 결국 제품 생산을 할 수 없을 거야. 그러면 당연히 그 회사의 매출도 줄 거고, 주가는 어떻게 될까?"

"돈을 못 버니까 주가가 떨어질 거 같아."

"그렇지. 그리고 전쟁 같은 경우가 아니더라도 아예 새로운 기술이 등장하면서 기존 제품의 매출이 확 줄어들 수도 있어. 너 혹시 노키아라는 회사 알아?"

"노키아? 처음 듣는데."

"그럼 너 '스마트폰' 하면 떠오르는 회사가 뭐야?"

"당연히 삼성하고 애플이지. 그건 왜?"

"지금처럼 스마트폰이 나오기 전에 핸드폰 시장에서 제일 큰 회사가 노키아였어. 최고 잘 나갈 때는 세계에서 팔리는 핸드폰의 40퍼센트가 노키아 제품이었대. 근데 이런 회사도 결국 무너지기 시작하더니 휴대폰 사업을 접었지."

"아니, 그렇게 큰 회사가 어쩌다?"

"시장 트렌드를 따라가지 못했던 거야. 시장은 스마트폰으로 빠르게 넘어가고 있었는데, 일반 핸드폰만 만들다가 무너진 거지. 너 친구들 중에 스마트폰 말고 그냥 핸드폰 쓰는 친구 있어?"

"아니. 다들 삼성 아니면 애플 스마트폰 쓰지."

"그렇지. 이제는 스마트폰이 아니면 안 쓰지. 재밌는 건 노키아가 스마트폰 기술력이 없는 회사가 아니었어. 아이폰이 나오기 전부터 스마트폰 관련 기술이 있었거든. 근데 판단을 잘못해서 그 기술을 활용도 못하고 무너진 거야."

"그러면 아이폰이 안 나왔으면 노키아가 여전히 세계 1등이겠네?"

"뭐, 아무도 모르지만 그럴 수도 있었겠지. 그런데 이렇게 새로운 기술이 등장하면서 기존의 강자들이 무너진 경우가 많아. 너 요즘 사진은 뭘로 찍어?"

"당연히 스마트폰이지. 스마트폰으로 사진도 찍고 음악도 듣고 게임도 하고……"

"그렇지. 근데 옛날에는 그걸 하려면 다 따로따로 기계가 있어야 했어. 사진을 찍으려면 카메라, 음악을 들으려면 카세트 플레이어, 게임을 하려면 게임기를 사야 했지. 인터넷은 당연히 컴퓨터로 하는 거였고. 근데 지금은 스마트폰 하나면 다 되잖아. 그러면 그런 각각의 기계를 만들던 회사의 매출은 어떻게 됐을까?"

"아, 줄어들겠구나. 그러면 주가도 많이 떨어졌겠다. 그치?"

"아무래도 그렇겠지. 그러다 망한 회사들도 있어. 그러면 이런 회사들은 스스로 노력을 안 해서 망한 걸까?"

"그건 아닌 거 같아. 열심히 했는데, 사람들이 더 이상 그런 제품을 안 찾으니까 망한 거 아냐?"

"맞아. 새로운 기술의 등장이라는 외부적인 요인으로 망한 거지."

"그러면 회사에 대해서도 잘 알아야 하고 외부 변화도 잘 알아야 주식 투자를 잘할 수 있겠네."

"그렇지. 그리고 이런 외부적인 요인이 앞으로 어떻게 영향을 미칠지 잘 판단해야 해. 짧은 시간 영향을 미치다 끝나는 것도 있지만 회사의 생사에 영향을 주는 중요한 요인도 있거든. 그래서 투자할 회사를 고를 때는 외부의 변화에 잘 적응하는지도 알아볼 필요가 있어."

"응, 알았어. 내가 투자한 회사는 어떤지 다시 알아봐야겠다."

"그래, 잘 알아보고 아빠한테도 얘기해 줘."

더 알아보기

경기 순환

경기란 한 나라의 전반적인 경제 상황을 의미하는 말입니다. 경기가 호황일 때는 생산과 소비 등 경제 활동이 활발히 이루어지고, 경기가 불황일 때는 이러한 경제 활동이 침체됩니다. 그런데 경기는 호황과 불황이 반복되는 경향이 있습니다. 마치 계절이 봄, 여름, 가을, 겨울을 순환하는 것처럼 경기도 일정한 패턴을 가지고 호황과 불황을 반복하기 때문에 이를 '경기 순환'이라고 부릅니다.

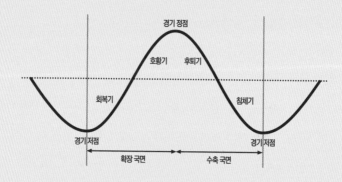

경기는 크게 회복기, 호황기, 후퇴기, 침체기의 네 단계로 나눌 수

있습니다. 경기가 불황일 때에는 정부가 나서서 기준 금리를 인하하는 등의 방법으로 경기를 활성화시키려는 노력을 기울입니다(침체기). 이러한 노력으로 인해 경기가 서서히 살아나면 생산과 소비가 점차 활력을 띠게 됩니다(회복기). 생산과 소비가 활성화되면서 경기는 점차 호황을 맞이하는데, 과열되면 물가가 오르는 등 여러 부작용이 나타나게 됩니다(호황기). 그러면 정부에서는 경기를 진정시키기 위해 기준 금리를 높이는 등 침체기와 반대되는 정책을 펴고, 이로 인해 과열된 경기는 서서히 식어 갑니다(후퇴기). 이후 경기가 급속도로 가라앉으면 생산과 소비가 침체되면서 다시 불황에 빠지게 됩니다(침체기). 이러한 흐름으로 인해 경기는 호황과 불황을 반복하며 순환합니다.

5. 그냥 알아서 해 주면 안 돼?

매일 공부를 하지 않아도 자동으로 공부해 주는 기계가 있다면 어떨까요? 공부가 쉽지 않으니 나 대신 공부 잘하는 기계가 대신 해 주는 거죠. 당장 사고 싶다고요? 사실 그런 기계는 아직 발명되지 않았어요. 여러분이 열심히 연구해서 꼭 만들어 주세요. 그런데 주식 투자는 어떨까요? 여러 회사에 대해 잘 알아보고 분석해서 좋은 회사의 주식을 나 대신 사 주는 사람이 있다면요? 여기서는 전문가가 대신 투자해 주는 간접 투자에 대해 알아보고, 대표적인 간접 투자 상품인 '펀드'에 대해 살펴볼게요. 다만 아무리 간접 투자라도 손해에 대한 책임은 전문가가 아닌 나에게 있다는 점을 꼭 기억해 주세요.

"아빠, 궁금한 게 있어."

"뭔데?"

"따지고 보면 투자에 대해서 아빠가 나보다 잘 알잖아. 내가 모르는 것도 척척 설명해 주고. 그러면 내가 굳이 투자에 대해 공부할 필요 없이 아빠가 알아서 나 대신 투자를 해 주는 게 낫지 않아?"

"하하하, 좋은 아이디어네. 하지만 아빠는 네가 투자에 대해서도 열심히 공부를 했으면 좋겠어. 왠지 알아?"

"글쎄? 나 괴롭히려고?"

"무슨 그런 섭섭한 말을. 세상에 어떤 부모가 자식 괴롭히려고 공부를 시키겠어. 다 도움이 되니까 시키는 거지. 본인이 직접 투자를 하든, 누군가에게 투자를 맡기든 투자에 대한 기본적인 지식은 꼭 필요해. 왜냐하면 어떤 경우라도 투자에 대한 책임은 전적으로 본인이 져야 하기 때문이야. 너 만약에 아빠한테 투자를 맡겼는데 아빠가 투자를 잘못해서 손해를 보면 어떻게 할 거야?"

"그럴 거면 내가 왜 맡기겠어. 손해를 보면 아빠가 책임져야지."

"그러면 아빠 입장에서는 대신 투자를 해 주고 싶을까? 만약에 손실이 나면 안 좋은 소리만 들을 텐데?"

"음, 생각해 보니 그러네. 내가 아빠를 믿고 맡겼으니까 그에 대한 책임도 내가 져야 한다는 거지? 누가 투자를 하든 내 돈을 책임지려면 투자 공부를 하긴 해야겠다."

223

"그렇지. 그런데 그동안 아빠랑 투자 이야기했던 게 좀 힘들었어? 갑자기 왜 이런 질문을 하는 거야?"

"아니, 그건 아니야. 사실 투자 얘기가 재밌긴 해. 근데 생각해 보니까 그냥 잘하는 사람이 다 해 주면 좋을 것 같다는 생각이 들더라."

"그렇구나. 사실 너처럼 생각하는 사람들도 많아. 그래서 '간접 투자'라는 게 생긴 거야."

"간접 투자? 그게 뭔데?"

"투자는 크게 두 종류야. 직접 투자와 간접 투자. 본인이 직접 공부해서 어디에 투자를 할지 결정을 하면 직접 투자, 다른 사람이 투자에 대한 결정을 대신 해 주면 간접 투자야."

"결과를 책임져 주는 것도 아닌데, 왜 남한테 맡겨?"

"직접 투자를 할 수 있는 능력이 된다면 직접 하면 돼. 하지만 모든 사람이 투자에 대해 잘 아는 건 아니야. 너 같은 경우는 아빠랑 얘기하면서 이미 많은 걸 알게 됐잖아? 이런 식으로 꾸준히 공부하면 나중에 어른이 됐을 때는 정말 좋은 투자자가 될 수 있을 거야. 그때는 아빠가 네게 물어볼 수도 있을 거고."

"그럼 그때는 내가 잘 설명해 줄게. 그런 날이 빨리 왔으면 좋겠다. 하하하."

"걱정 마, 금방이야. 근데 어른이라고 해서 다 투자를 잘 아는 건 아니거든. 투자에 아예 관심이 없는 사람도 있고, 관심이 있어도 제대로 배운 적이 없어서 잘 모르는 사람도 있어. 이런 사람들이 투자를 하면 많이 고민되겠지? 잘못하면 어렵게 모은 돈을 날릴 수도 있으니까. 이렇게 직접 투자하는 데 자신이 없는 사람들은 아무래도 투자를 전문적으로 하는 사람들에게 맡기는 게 좋지 않을까?"

"그게 현명할 수도 있겠네. 그래도 전문가가 투자를 해 준다면 마음이 조금은 놓일 거 같아."

"그렇지. 그리고 네가 투자에 대해 잘 안다고 해도 전문적인 영역에 대해서는 잘 모를 수도 있잖아. 예를 들어 아프리카에 투자를 하고 싶은데, 그쪽 사정에 대한 정보가 많지 않으면 아무래도 아프리카 전문가를 찾아서 투자를 맡기는 게 좋겠지."

"아, 그렇구나."

"그럴 때 간접 투자를 하는 거야. 전문가에게 맡기면 되니까 편하지. 근데 전문가가 나를 위해 공짜로 투자를 해 줄까?"

"대가를 지불해야 하지 않을까?"

"맞아. 그래서 간접 투자는 투자를 전문가에게 맡기는 대신에 수수료를 내야 해."

"역시, 세상엔 공짜란 없구나."

적은 돈으로 골고루 투자할 수 있는 펀드

"그렇지. 대표적인 간접 투자 방식에는 펀드가 있어."

"펀드? 지난번에 들어 본 거 같은데?"

"응, 펀드는 수많은 사람들에게 자금을 모아서 전문가가 대신 투자를 해 주는 금융 상품이야. 지난번에 피터 린치가 펀드 매니저였다고 했지? 펀드는 소액으로도 분산 투자가 가능한 게 큰 장점이야."

"소액으로 분산 투자가 가능하다고? 그게 무슨 말이야?"

"말이 어려웠구나. 좀 더 쉽게 설명해 줄게. 너 분산 투자라는 말 기억나?"

"응, 앞으로 어떻게 될지 모르니까 골고루 나눠서 투자하라는 말이잖아."

"정확해. 근데 투자하려는 돈이 10만 원이고 사려는 주식이 한 주에 10만 원이면 분산 투자를 할 수 있을까?"

"그러면 불가능하지. 한 주밖에 못 사잖아."

"그렇지. 아무래도 투자하는 돈이 적으면 분산 투자가 쉽지 않아. 비싼 주식은 한 주 사는 데도 큰돈이 필요하니까. 근데 펀드는 여러 사람의 돈을 모아서 같이 투자하니까 분산 투자가 가능해. 예를 들어 친구들끼리 돈을 모아서 펀드를 만들었다고 해 보자. 열 명이 각자 10만 원씩 내서 100만 원으로 함께 투자를 하는 거야. 100만 원이 있으니까 10만 원짜리 주식 열 개를 살 수 있겠지?"

"응. 그러면 주식 열 개 중에서 내 거는 어떤 거야?"

"열 개 다지."

"응? 난 10만 원밖에 안 냈는데?"

"펀드가 소유한 주식은 그 펀드에 투자한 사람들이 공동으로 소유하는 거야. 다만 온전히 다 갖는 건 아니고 투자한 금액에 따라서 소유하게 되는 비율이 달라져."

"어떻게?"

"지금은 열 명이 10만 원씩 같은 금액으로 투자를 했잖아? 금액이 같으니까 동일한 비율로 주식을 가지고 있는 거야. 그러니까 펀드가 소유한 주식 열 개를 각각 10퍼센트씩 가지고 있다고 보면 되겠지."

"아, 투자한 비율대로 주식의 일부를 갖는다는 말이구나."

"응, 이렇게 해서 분산 투자가 가능한 거야. 개별적으로 주식에 투자했다면 주식을 한 주 단위로 사야 하기 때문에 분산 투자가 불가능한데, 펀드는 여럿이 돈을 모아 주식을 사고 투자한 금액만큼 계산해서 나누면 되니까 분산 투자가 가능하지."

"그럼 같은 펀드에 투자를 한 사람들은 수익률도 같겠네?"

"그렇지. 펀드에 투자한 사람들은 수익률에 있어서는 운명 공동체라 볼 수 있지."

"그럼 나처럼 돈이 많지 않은 사람도 하기 편한 거구나."

"그리고 펀드는 투자 대상이 정말 다양해. 기본적으로 주식이나 채권 같은 유가증권에 투자하는 펀드도 있고, 금이나 은, 구리나 원유 같은 원자재에 투자하는 펀드도 있어. 그리고 비행기나 배 같은 실물 자산에 투자하는 펀드도 있고, 부동산이나 농산물 같은 데에 투자하는 펀드도 있어. 아까 얘기한 것처럼 우리나라에만 투자하는 것도 아니어서 전 세계 어디든 펀드를 통해서 투자가 가능하지."

"와, 이런 걸 하나하나 다 알아보고 투자하려면 정말 어렵겠다. 그래서 전문가가 필요한 거구나."

"맞아. 그런데 이렇게 다양한 투자 대상 중에 어디에 투자를 할지 정하려면 아주 전문적이지는 않더라도 기본적인 지식은 필요하겠지? 그래서 투자에 대한 공부는 꼭 필요한 거야."

"근데 펀드가 이렇게 많으면 뭐가 있는지 알아보는 것만 해도 엄청 복잡할 거 같은데?"

"그래도 쉽게 판단할 수 있는 방법이 있어. 펀드 이름만 잘 살펴봐도 알 수 있거든."

"이름만 알아도 된다고?"

펀드 이름에 숨겨진 비밀

"응, 뭐에 투자하는지, 어떤 지역에 투자하는지, 어떤 전략으로 투자하는지 같은 중요한 정보가 펀드명에 다 들어 있거든."

"그럼 펀드 이름이 엄청 길겠네?"

"하하하, 사람 이름에 비하면 펀드 이름이 길긴 하지만 막 몇 줄이 되고 그런 건 아니야. 몇 가지 핵심 단어로 모든 게 설명돼 있어. 한번 예를 들어 볼까?"

"응."

"'피델리티글로벌테크놀로지'라는 펀드가 있어. 이 펀드는 어떤 펀드일 거 같아?"

"어? 아는 단어가 있긴 하네. 글로벌이랑 테크놀로지, 이렇게 두 개는 알 거 같아. 음, 글로벌은 전 세계를 의미하니까 전 세계를 대상으로 투자를 할 거 같은데, 테크놀로지는 기술이라는 뜻은 알겠는데 뭔지 잘 모르겠어."

"와, 그래도 정말 잘 파악했는데? 대단해. 핵심적인 두 단어를 잘 찾아낸 거야. 사실 그 두 단어가 이 펀드의 특징에 대해 잘 말해 주는 거거든. 하나하나 살펴보자. 먼저 '피델리티'는 이 펀드를 운용하는 회사 이름이야. 펀드를 운용하는 회사를 자산운용사*라고 부르는데, 이렇게 자산운용사의 이름이 제일 앞에 나와."

"피델리티? 처음 듣는데."

"그럴 수 있지. 피델리티는 전 세계적으로 유명한 자산운용사야. 근데 우리 주변에서 쉽게 접할 수 없으니까 펀드에 관심이 있는 사람이 아니면 알기는 힘들지. 그다음에 나오는 '글로벌'은 투자 지역을 의미하는 거야. 미국, 유럽, 중국처럼 지역명이 들어가 있으면 그 지역에 투자한다는 의미야. 근데 만약에 지역명이 없으면 어디에 투자를 하는 걸까?"

"음……. 우리나라?"

"비슷해. 지역명이 따로 없으면 전 세계를 대상으로 하는 펀드거나

● **자산운용사**
자산운용사는 펀드를 만들어 투자자들의 자금을 모아서 운용하는 회사입니다. 자산운용사에 속한 전문가들이 투자자를 대신해 주식, 채권, 부동산, 원자재 등 다양한 대상에 투자를 하고 투자자에게 수수료를 받습니다.

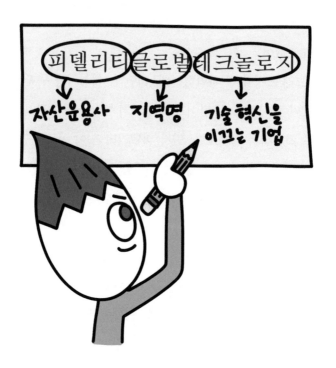

아니면 우리나라에 투자를 하는 펀드야. 근데 여기서는 친절하게 글
로벌이라고 적어 놨지? 그러면 전 세계를 대상으로 투자하는 펀드인
거지."

"그럼 테크놀로지는 뭐야?"

"그건 투자 대상을 말하는 거야. 테크놀로지 하면 뭐가 떠올라?"

"삼성전자, 구글, 애플, 뭐 이런 IT 회사?"

"오, 좀 아는데? 이 펀드는 앞으로 기술 혁신을 이끌어 낼 수 있는 회사에 투자하는 펀드야. 주로 인터넷, 반도체, 전기차, AI, 게임 같은 미래에 유망할 것으로 보이는 사업을 하는 회사에 투자하는 거지. 그러면 이제 정리를 좀 해 볼까? '피델리티글로벌테크놀로지 펀드는 피델리티 자산운용사가 전 세계적으로 기술 혁신을 이끌고 있는 기업에 투자하는 펀드다.'라고 생각하면 되겠지?"

"응, 그렇게 따지는 거구나. 대충 느낌이 오는 거 같기도 하고."

"그럼, 문제를 하나 낼게. '한국투자글로벌전기차&배터리'는 어떤 펀드일까?"

"아, 이건 좀 쉽다. 이름이 친절하네. 음, '한국투자'가 자산운용사 이름이겠지? 그러면 한국투자라는 자산운용사에서 전 세계 전기차 관련 회사에 투자하는 펀드. 맞지?"

"오, 잘했어. 정확해. 금방 응용이 가능하네."

"뭐, 이 정도 가지고, 하하하."

"추가적으로 말하자면 펀드명에는 투자 전략에 대해서도 나와 있어. 너 지난번에 주식별 특징 이야기했던 거 기억나?"

"당연히 기억나지. 가치주랑 성장주, 대형주랑 중소형주, 경기방어주랑 경기민감주 같은 거 말하는 거지?"

"맞아. 똑같이 우리나라 주식에 투자를 하더라도 어떤 펀드는 성장주에 투자를 하고 어떤 펀드는 중소형주에 투자를 하는 식으로 특징이 있거든. 이런 특징도 펀드명을 보면 알 수 있어.

"그러니까 이런 걸 다 이해하려면 기본적인 투자 상식은 있어야겠구나."

"그렇지. 아빠가 예를 들어 줄게. '신영밸류고배당펀드'는 어떤 펀드일까?"

"음. 밸류는 가치라는 뜻이잖아. 음⋯⋯. 아, 가치주에 투자하는구나. 그리고 고배당은 배당을 많이 한다는 의미니까 해석해 보자면, '신영'이라는 자산운용회사가 가치주나 배당을 많이 하는 회사에 투자를 하는 펀드. 맞지?"

"맞아. 이제는 펀드명만 봐도 펀드의 특징에 대해 알겠지?"

"응. 이 기회에 나도 펀드 투자 해 볼까? 내가 직접 하는 주식 투자랑 비교해 볼 수도 있잖아."

"그것도 좋지. 직접 투자나 간접 투자 모두 장단점이 있으니까 둘다 하면서 뭐가 더 적합한지 알아가는 것도 좋을 것 같아."

"이것저것 해야 할 게 많은데, 나 용돈 좀 올려 주면 안 돼?"

"요 녀석, 기회를 놓치지 않는구나. 그럼 펀드에 가입할 때 첫 투자금은 아빠가 내 줄게."

"와, 아빠 최고. 빨리 펀드 가입하러 가야겠다."

나보다 투자에 대해 잘 아는 전문가가 대신 투자를 해 주면 아무래도 마음이 놓일 겁니다. 그러나 문제는 수수료입니다. 사람이 대신해 주는 일이다 보니 많은 수수료를 내야 할 수 있고, 심지어 손실을 보더라도 수수료를 내야 하므로 이중 부담이 될 수 있습니다.

그렇다면 AI를 도입하면 어떨까요? 어쩌면 사람보다 나은 판단을 할 수 있을 것 같고, 수수료도 저렴하지 않을까요? 이러한 생각에서 등장한 것이 바로 로보어드바이저(robo-advisor) 서비스입니다. 로보어드바이저란 로봇(robot)과 투자 전문가(advisor)의 합성어로, AI를 이용해 자산 관리를 받는 상품입니다. AI 기술이 발전하고 빅데이터를 활용할 수 있게 되면서 점차 대중화되고 있습니다.

로보어드바이저의 가장 큰 장점은 감정에 휘둘리지 않는다는 점입니다. 방대한 데이터를 바탕으로 미래를 예측하기 때문에 아무래도 투자에 대한 판단이 객관적일 가능성이 높습니다. 또한 수수료가 저렴하고 최소 가입 금액 제한도 거의 없는 편이라 자산이 적은 사람도 쉽게 이용할 수 있습니다.

5부

부자가 되기 위해 더 알아야 할 것들

1. 위험을 관리하라

모든 일이 생각하는 대로 이루어지면 얼마나 좋을까요? 시험을 보면 언제나 만점을 받고, 게임을 하면 늘 이기고, 투자를 하면 금방 부자가 되고. 물론 열심히 노력하면 누구나 그렇게 할 수 있을 겁니다. 그러나 자신의 의지와는 상관 없이, 생각하지 못한 상황 때문에 뜻하는 대로 이루어지지 않는 일이 생길 수도 있습니다. 이런 위험을 대비하기 위해 사람들은 '보험'이라는 상품에 가입합니다. 여기서는 보험이 무엇이고 우리가 위험에 처했을 때 어떤 도움을 줄 수 있는지 알아볼게요. 이제 사람들이 왜 보험에 가입하는지, 어떤 보험을 들어야 하는지 알 수 있을 거예요.

"아빠, 뭐 해? 우리 부루마불 하자."

"어, 잠깐만. 지금 아빠 자동차 보험이 만기가 돼서 알아보고 있거든. 이것만 하고 같이 놀자. 알았지?"

"자동차 보험? 그게 뭔데?"

"어? 너 아직 보험이 뭔지 모르는구나. 보험은 위험에 대비하기 위해서 가입하는 거야."

"어떤 위험?"

"질병이나 사고 같은 위험. 만약에 아빠가 큰 병에 걸려서 오랫동안 치료를 받아야 한다면 어떻게 될까?"

"에이, 아빠 건강하잖아. 그럴 일 없겠지."

"이건 순전히 가정이잖아. 만약에, 아주 만약에 아빠에게 그런 일이 생긴다면?"

"상상하기도 싫지만 만약에 그런 일이 생기면 병원에 입원해야 되는 거 아냐?"

"맞아. 치료를 받으러 병원에 입원해야겠지? 그럼 회사는 갈 수 있을까?"

"아파서 입원해 있는데 회사를 어떻게 가. 그냥 쉬어야지."

"그렇겠지? 그럼 아빠가 아파서 회사에 못 가면 월급은?"

"월급? 일을 안 하니까 월급도 없는 건가?"

"당장은 어떻게 될지 모르지만 오랫동안 치료를 해야 한다면 나중에는 월급도 안 나오겠지? 어쩌면 건강이 너무 나빠져서 회사를 더 이상 다닐 수 없을지도 몰라. 그럼 우리 가족은 어떻게 먹고 살까?"

"그럴 때 쓰려고 저축도 하고 투자도 하는 거 아냐? 그동안 모아 놓은 돈으로 살면 되지."

"맞아. 그동안 저축한 돈으로 살면 되겠지? 근데 여러 가지 이유로 그동안 저축해 둔 돈이 많지 않다면? 그래서 치료하면서 병원비랑 생활비로 모아놓은 돈을 다 써 버린 거야. 그러면 어떻게 해야 할까?"

"어렵네. 그럼 어떻게 해야 해? 다른 사람에게 돈을 빌려야 하나?"

"급하면 돈이라도 빌려야겠지. 그런데 아빠가 일을 할 수도 없는데 빌린 돈은 어떻게 갚을 수 있을까?"

"아유, 너무 끔찍하다. 정말 그렇게까지도 될 수 있는 거야?"

"하하하. 너무 걱정하지 마. 지금 아빠가 말한 건 순전히 가정이니까. 그런데 이런 일이 우리 집에 안 일어날 거라는 보장은 없어. 그래서 보험에 가입하는 거야. 만약에 아빠가 병원에 입원하게 되면 보험 회사가 아빠에게 병원비도 주고 생활비도 줄 거야. 이걸 보험금이라고 불러. 그러면 보험 회사에서 받은 돈으로 치료를 받고 생활도 할 수 있겠지?"

보험 회사가 돈을 준다고?

"보험 좋은 거네. 근데 보험 회사는 무슨 돈으로 치료비며 생활비를 주는 거야? 그러다 망하는 거 아냐?"

"평소 보험에 가입한 사람들이 보험 회사에 돈을 내거든. 이걸 보험료라고 해. 그 돈을 가지고 보험금을 지급하는 거지."

"보험금? 보험료? 말이 어렵다. 잠깐 정리 한번 해 볼게. 아빠가 보험 회사에 내는 돈은 보험료고, 보험 회사가 아빠에게 주는 돈은 보험금이라고 하는 거지. 맞지?"

"맞아. 어려운데 잘 정리했네."

"그럼 나중에 보험금 많이 받으려면 보험료를 엄청 많이 내겠네. 그치?"

"꼭 그렇지도 않아. 만약 보험료가 비싸면 사람들이 많이 가입하시 않겠지? 지금 당장 써야 할 돈도 많은데 보험료까지 비싸면 아무래도 가입하기 힘들 거야."

"그럼 보험료도 많이 안 내는데 어떻게 병원비며 생활비며 다 받을 수 있는 거야?"

"아빠가 예를 들어 설명해 줄게. 1만 명이 살고 있는 한 마을이 있다고 생각해 보자. 이 마을에서는 매년 한 명씩 암에 걸려. 근데 암에 걸리면 치료비와 생활비로 대략 1억 원 정도 필요해. 1억 원이면 엄

청 큰돈이잖아. 그래서 사람들이 모여서 이야기를 했어. 누구든 암에 걸리면 나머지 사람들이 1억 원을 모아서 그 사람에게 주기로. 그러면 암에 걸려도 치료비랑 생활비를 해결할 수 있으니까 그 마을 사람들은 어느 정도 안심하고 살 수 있겠지?"

"그럼 좀 마음이 편해질 거 같긴 한데? 막상 내가 걸릴 수도 있는 거 잖아."

"그렇지. 그럼 매년 이 마을 사람들이 암에 걸린 사람을 도와주기 위해서 돈을 얼마씩 내야 할까?"

"1억 원 모아야 하는데 1만 명이 있으니, 1억 원을 1만으로 나누면 되지 않을까? 그러면 1만 원?"

"맞았어. 매년 1만 원씩 모으면 돼. 1년에 1만 원이니까 이걸 매달

나눠서 낸다고 생각하면 어때? 큰 부담이 없겠지?"

"응, 그러면 한 달에 1,000원도 채 안 되네. 그럼 나도 충분히 낼 수 있을 거 같아."

"보험도 같은 원리야. 너 주변에 암에 걸린 사람 본 적 있어?"

"없어. 주변에서 누구 아프다는 이야기도 들어본 적 없는데."

"사실 큰 병에 걸리는 사람들은 그렇게 많지 않아. 그래도 사람들은 만약의 상황에 대비해서 보험에 가입하는 거야. 확률이 아무리 적어도 자기에게 그런 일이 아예 안 생긴다는 보장은 없거든. 그러면 보험 회사는 건강한 사람들이 낸 보험료를 가지고 아픈 사람들에게 보험금을 주면 되겠지?"

"아, 그래서 보험료가 그렇게 비싼 게 아니구나."

보험은 어디까지 보상해 줄 수 있을까?

"그러면 우리가 살아가면서 대비해야 하는 위험에는 어떤 것들이 있을까?"

"음……. 며칠 전에 우리 아파트에 불이 나서 소방차가 출동했잖아. 이런 것도 보험으로 해결할 수 있어?"

"그럼. 보험은 아픈 것뿐만 아니라 사고가 나서 우리 물건이나 재산에 피해를 본 것도 보상해 줘. 방금 말한 것처럼 집에 불이 나면 피해가 크겠지? 불이 나면 옷이고 가재도구고 집안 살림이 모두 불에 탈 테니까 새로 사야 하잖아. 게다가 불이 난 집은 수리를 해야 살 수 있겠지? 그러려면 돈이 많이 필요할 거야. 그럴 때 필요한 게 화재 보험이지. 화재 보험은 화재 때문에 생긴 손해를 보상해 줘. 그리고 자동차를 운전하다가 생긴 사고를 보상해 주는 게 자동차 보험이고, 다른 사람 물건을 실수로 망가뜨렸을 때 보상해 주는 게 배상 책임 보험이야. 이거 말고도 다양한 보험이 있어."

"보험의 종류가 정말 많구나. 그러면 마음만 먹으면 뭐든 보험으로 다 보상받을 수 있는 거야?"

"그럼. 너 날씨 보험이라고 들어 봤어?"

"날씨 보험? 날씨로 인한 피해를 보상해 주는 보험이야?"

"오, 눈치가 빠른데. 맞아."

"근데 날씨 때문에 피해를 볼 게 있나?"

"많지. 만약에 우리 동네에서 큰 행사를 치른다고 생각해 봐. 행사를 준비하려면 돈이 많이 필요하겠지? 공연장도 빌려야 하고, 무대도 설치해야 하고, 의자나 테이블 같은 것도 많이 필요할 거고. 진행자나 가수들도 초대해야 하잖아. 안내하는 사람이나 안전요원 같은 사람들도 많이 있어야 할 거야. 그래서 열심히 행사를 준비했는데, 하필 행사 당일에 태풍이 불어서 행사가 취소됐어. 그럼 행사를 준비하는 데 들어간 비용은 어떻게 되겠어? 전부 손해를 보겠지? 이럴 때 피해를 보상해 주는 게 바로 날씨 보험이야."

"근데 날씨에 대한 피해라고 하니까 농사가 생각났는데, 이런 것도 보험을 들 수 있는 거지?"

"그럼. 농작물이 잘 자라기 위해서는 날씨가 중요하지. 태풍이나 장마로 침수가 될 수도 있는 거고, 반대로 심한 가뭄이 들어서 다 말라 죽을 수도 있잖아. 게다가 날씨가 너무 추워져서 우박으로 인해 피해를 볼 수 있어. 농작물만 그럴까? 가축들도 마찬가지야. 갑자기 너무 더워지거나 전염병이 돌아서 가축들이 집단 폐사할 수도 있잖아. 이런 일이 생기면 일 년 농사를 다 망칠 수밖에 없어. 그래서 이런 피해를 보상해 주는 보험도 있는 거야.

"생각해 보면 세상에 위험한 게 참 많네. 근데 보험으로 그런 위험을 보상받을 수 있다니 마음이 좀 놓이는데?"

"맞아. 여기서 퀴즈. 너 최초의 보험이 언제 등장했는지 알아?"

인류의 역사와 함께한 보험

"음. 산업 혁명 시대?"

"땡. 고대 바빌로니아야. 당시에는 해상 무역이 활발히 이뤄졌는데, 만약 항해를 하다 배가 사고가 나면 배를 담보로 빌린 돈은 갚지 않아도 된다는 말이 함무라비 법전에 적혀 있대."

"보험이 진짜 옛날부터 있었구나."

"우리나라에도 오래전부터 보험이 있었어. 품앗이˚나 계˚라는 말 들어 봤지?"

"품앗이는 들어본 거 같아. 서로서로 일을 도와주는 거지? 근데 계 는 뭐야?"

"옛날에는 사람들이 돈이 많지 않았어. 근데 결혼이나 장례 같은 행사를 치르려면 돈이 많이 필요하잖아. 이럴 때 사람들이 돈을 걷어 서 보태 줬는데 이런 걸 계라고 해."

"동양이든 서양이든 시대를 막론하고 위험은 피하고 싶은 건 다 똑 같은 거 같아."

"당연하지. 사람이라면 누구나 위험을 피하고 싶은 본능이 있으니

● 품앗이
옛날부터 우리 조상들은 마을 사람들끼리 다양한 형태로 도움을 주고받았습니다. 그 대표적인 것이 품앗이입니다. 모내기 등 다른 사람의 도움이 필요한 일이 생겼 을 때 마을 사람들이 모여 도움을 주고, 도움을 받은 사람은 다시 다른 사람을 도 와주면서 보답하는 문화가 바로 품앗이입니다.

● 계
결혼이나 장례 등 큰돈이 필요한 일을 대비해서 돈이나 곡식 등을 모아 서로 지원 하기 위해 만든 모임입니다.

까. 다만 위험을 피하는 대신에 거기에 맞는 비용은 지불해야겠지.
안 그래?"

"근데 보험을 이것저것 많이 들 수도 있어?"

"그럼. 아빠도 가입한 보험이 몇 개 있어. 아플 때 치료비를 받기 위
해 가입한 실손 의료 보험, 아빠가 죽을 걸 대비한 종신 보험, 자동차
사고를 대비한 자동차 보험 같은 걸 이미 가입해 뒀지."

"그럼 나는?"

"네 것도 가입했지. 건강을 위한 어린이 보험. 너 태어날 때 이미 가
입해 뒀어."

"애걔. 겨우 한 개? 너무하네. 아빠는 많이 가입했으면서."

"보험을 이것저것 많이 가입하면 좋겠지. 근데 존재하는 모든 위험
을 대비해 보험에 다 든다면 돈도 만만치 않겠지?"

"에이, 보험료 얼마 안 한다며."

"그건 나중에 우리가 보험금을 받는 것에 비해서 보험료가 작다는
말이지, 아예 부담이 없다는 말은 아니야. 그래서 필요한 보험이 뭔
지 잘 판단하고 가입하는 게 중요해. 예를 들어 볼까? 네가 아플 수도
있겠지? 만약 큰 병에 걸렸어. 그럼 병원비는 어떻게 충당할까?"

"가입한 보험이 있다며. 그걸로 내면 되겠지."

"그렇지. 네가 아프면 아빠 회사는 다닐 수 있을까?"

"엄마가 날 돌보는데, 아빠는 그냥 회사 다녀야지. 그래야 월급도

받고 그 돈으로 생활할 거 아냐."

"그렇지? 자, 봐 봐. 네가 아플 때는 치료비만 해결할 수 있으면 돼. 생활비는 아빠가 벌면 되니까. 그러면 네 앞으로는 굳이 생활비까지 감안해서 보험에 가입할 필요는 없겠지? 그리고 아까 아빠가 죽을 걸 대비해서 보험에 가입했다고 했는데, 아빠는 왜 그런 보험에 가입했을까?"

"음, 지금 돈 버는 사람이 아빠니까."

"그렇지. 그럼 이런 보험은 네게도 필요할까? 일반적으로 종신 보험은 가족이 있는 가장에게 필요한 보험이야. 혼자 사는 사람은 굳이 필요하지 않거든."

"무조건 보험에 가입할 게 아니구나. 어떤 보험이 필요한지 잘 생각해 봐야 하는 거네."

"그렇지. 보험은 어디까지나 히든카드야. 위급할 때 쓸 수 있는. 그런데 이런 히든카드는 가지고 있으면 든든하고 좋겠지만, 사실 쓸 일이 없는 게 더 좋겠지? 근데 쓸 일이 없다면 그동안 낸 보험료는 다 사라지게 되는 거잖아. 그러니까 합리적인 수준에서 보험료를 내는 게 중요해."

"쓸 일이 없으면 좋겠지만 안 쓰면 그동안 낸 보험료는 아깝긴 하겠다. 아빠, 그럼 보험료가 아까워서 보험에 가입 안 하는 사람들도 있겠네?"

"맞아. 모두가 보험에 가입하는 건 아니야. 사람마다 생각이 다르니까, 어차피 보험금을 받을 가능성이 낮다고 생각하는 사람들은 애초에 보험에 가입 안 할 수도 있겠지. 이건 전적으로 개인의 자유야."

늦게 가입하면 유리하지 않을까?

"나 보험료를 절감할 수 있는 아주 좋은 아이디어가 떠올랐어. 보험을 최대한 늦게 가입하는 거야. 건강할 때는 굳이 보험이 필요 없잖아. 이다음에 나이 들어서 아픈 데가 많아지면 그때 가입하는 게 이득 아니야?"

"하하하, 요놈의 잔머리 하고는. 그 정도는 다들 생각할 거야. 하지만 보험 가입은 빠를수록 좋아. 왜냐하면 나이를 먹고 가입하게 되면 보험료가 더 비싸지거든."

"보험료가 나이에 따라 달라지는 거야?"

"당연하지. 아주 건강한 20대와 이제 여기저기 아픈 데가 늘어나는 40대 중에 누가 보험금을 받을 가능성이 높을까?"

"당연히 40대지."

"그렇지. 보험료는 위험 수준에 따라서 결정되는 거야. 일반적으로 나이가 들수록 보험금을 탈 가능성이 높아지잖아? 그러니까 늦게 가입할수록 보험료가 비싸져. 또 중요한 건 보험 가입 시점을 늦추다가 최악의 경우에는 보험에 가입하기도 전에 병이 생겨서 아예 가입을 하지 못할 수도 있어. 그러니까 무조건 늦게 가입하는 게 꼭 좋은 건 아니야."

"내가 가입하겠다는데 보험 회사가 가입을 안 받아 준다고? 되게 나빴다."

"요즘 사람들이 인스턴트 음식도 많이 먹고, 주스나 콜라 같은 단 음료도 많이 마시잖아. 그러다 보니 젊은 사람 중에서도 당뇨나 고혈 압 같은 질병에 걸리는 사람들이 점점 늘어나고 있대. 이런 사람들은 이미 질병에 걸렸으니 보험사 입장에서는 어떻겠어? 보험에 가입시 켜 주면 앞으로 보험금이 계속해서 나갈 거잖아. 그러면 보험사는 손 해를 보겠지? 왜냐하면 그동안 보험료도 내지 않았는데 보험금만 계 속해서 타 가니까."

"그건 그렇지. 그래도 불쌍한 사람 하나 구하는 셈 치고 가입시켜 주면 안 되나?"

"보험 회사가 그런 사람들을 받아 주기 시작하면 이미 보험에 가입 해서 성실하게 보험료를 낸 사람들이 손해를 보니까 쉽지 않아."

"왜 손해야?"

"보험 회사가 지급해야 되는 보험금이 늘어날수록 가입자들한테 받아야 되는 보험료가 비싸질 수밖에 없거든. 아까도 이야기했지? 보험료를 받아서 보험금을 지급한다고. 그런데 아픈 사람들이 계속 해서 보험에 가입한다고 생각해 봐. 이 사람들에게 지급해야 하는 보 험금이 계속 늘어나겠지? 그러면 아무래도 보험에 가입한 사람들에 게 더 많은 돈을 받아야 할 거야. 그래야 그 돈으로 보험금을 지급할 수 있으니까. 만약 네가 스무 살이 돼서 보험을 들었는데, 마흔 살이 될 때까지 20년 동안 보험금을 한 번도 안 받았다고 생각해 봐. 근데 다른 사람들이 보험금을 너무 많이 받아서 보험료를 점점 더 많이 내야 한다면 마음이 어떨까?"

"그건 안 되지. 지금 생각해 보니 늦게 가입한 사람들이 얌체 같기도 하네. 나도 혹시 모르니까 나중에 크면 미리미리 어떤 보험이 필요한지 잘 따져 보고 가입해야겠다."

키퍼슨 보험

안타깝게도 가수가 성대에 문제가 생겨 더 이상 노래를 할 수 없게 되거나 축구선수가 다리를 다쳐 뛸 수 없게 된다면 어떨까요? 가수나 축구선수 본인이 엄청난 좌절을 겪을 것은 당연하고, 가수의 소속사나 축구선수의 소속 구단에게도 큰 손실이 될 것입니다. 다소 생소하지만 이러한 위험에 대비하기 위한 보험도 있습니다. 바로 키퍼슨(key person) 보험입니다.

키퍼슨 보험은 주로 연예인이나 운동선수처럼 자신의 몸이 가장 큰 자산인 유명 인사들이 가입합니다. 가수 머라이어 캐리는 자신의 다리에 10억 달러(약 1조 3,000억 원)짜리 보험을, 배우 줄리아 로버츠는 자신의 미소에 3,000만 달러(약 390억 원)짜리 보험을, 축구선수 리오넬 메시는 7억 5,000만 유로(약 1조 500억 원)짜리 다리 보험에 가입했다고 알려져 있습니다. 우리나라에서도 가수 보아가 목소리에 50억 원을, 피아니스트 서혜경이 손가락에 10억 원을 보상해 주는 보험에 가입했습니다.

키퍼슨 보험은 보험 본래의 목적으로 사용되기도 하지만 스타들의 홍보 수단으로도 많이 활용됩니다. 대중의 관심을 받고 사는 스타들이 거액의 보험을 가입했다는 것 자체가 자신의 가치를 대중에게 알리기에 좋은 소재이기 때문입니다.

2. 동전에 투자한다고?

우리가 사용하는 돈을 자세히 보면 '한국은행'이라는 말이 적혀 있습니다. 말 그대로 한국은행에서 만들었다는 뜻입니다. 이렇듯 대부분의 나라들은 나라가 관리하는 은행에서 돈을 만들어 사용 합니다. 그런데 이렇게 나라가 관리하지 않는, 인터넷을 통해 세계 여러 나라 사람이 공동으로 관리하는 돈도 있습니다. 이러 한 돈을 '가상 자산'이라고 부르는데, 대표적인 가상 자산으로 비 트코인을 들 수 있습니다. 여기서는 비트코인이 무엇이고 어떤 특 징이 있는지, 그리고 가상 자산을 가능하게 하는 블록체인 기술에 대해 알아보기로 해요.

"아빠! 그거 알아?"

"뭐? 앞뒤 다 자르고 그거 아냐고 물어보면 아빠가 어떻게 아냐?"

"아, 그러네. 어제 할머니 댁에서 민철이 형이랑 이야기했는데, 민철이 형은 무슨 동전에 투자를 한대. 그런데 그게 잘하면 큰돈을 벌 수 있다고 하더라."

"동전? 무슨 동전? 혹시, 동전주를 말하는 거야?"

"동전주? 그게 뭔데?"

"아, 주가가 1,000원 미만인 주식을 동전주라고 부르거든. 민철이가 동전주에 투자하는 거야?"

"아닌데. 한 개에 몇천만 원 한다고 그러던데. 사실은 동전이 아니라……. 영어로 동전이 뭐지? 갑자기 생각이 안 나네."

"혹시 코인을 이야기하는 거야? 민철이가 비트코인에 투자한대?"

"아, 맞다. 비트코인. 아빠도 아네. 그걸로 부자가 된 사람들이 그렇게 많대. 나도 비트코인 사 줘라. 응?"

"너 비트코인이 뭔지 알아?"

"몰라. 그래도 장기간 가지고 있으면 오르는 거 아냐?"

"아빠가 이야기한 거 기억 안 나? 투자를 하려면 최소한 투자를 하는 대상이 어떤지 잘 알아보고 해야 한다고 그랬던 거. 남들 얘기만 듣고 뭔지도 모르면서 덜컥 투자해서는 절대로 안 돼."

"그럼 이번 기회에 아빠가 설명해 주면 되겠네. 비트코인이 도대체 뭐야? 형한테 설명을 들었는데, 하나도 이해가 안 돼. 형도 사실 잘 모르나 봐."

"그래, 좋아. 어차피 비트코인에 대해서도 알아 두면 좋으니까 한 번 알아보자. 비트코인이 뭔지 이해하려면 먼저 블록체인에 대해 알아야 해."

기록을 연결하는 블록체인

"블록체인? 그건 뭔데? 그냥 비트코인만 설명해 주면 안 돼?"

"블록체인이 바로 비트코인의 핵심 기술이거든. 블록체인을 모르면 비트코인이 이해가 안 될 거야."

"알겠어."

"블록체인은 데이터를 분산해서 기록하는 기술이야. 사람들 사이에서 인류의 미래를 바꿀 기술로 꼽혀."

"데이터를 분산해서 기록한다는 게 무슨 말이야?"

"자, 잘 봐 봐. 너한테 100만 원이 들어 있는 통장이 있다고 해 보자. 근데 어제 은행에 가서 10만 원을 찾았어. 그럼 통장에는 90만 원이 남아 있겠지?"

"응, 당연하지. 그걸 문제라고 내는 거야?"

"뺄셈이 중요한 게 아니야, 계속해서 들어 봐. 그런데 오늘 또 은행에 가서 '내가 예전에 100만 원을 맡겨 뒀는데, 그 돈 다 찾고 싶어요.'라고 말했어. 그럼 은행에서는 뭐라고 할까?"

"에이, 은행이 바보야? 어제 10만 원을 찾아가서 이제 90만 원밖에 없다고 하겠지."

"맞아. 그렇겠지? 그럼 은행은 어제 네가 10만 원을 찾아갔다는 걸 어떻게 알고 있을까?"

"당연히 어딘가에 적어 놨겠지. 내가 돈을 은행에 맡기거나 찾으면 그게 다 통장에 찍히잖아."

"오, 똑똑한데. 그렇게 기록을 잘해 둬야 나중에 문제가 안 생기겠지? 그럼 은행 거래에 대한 정보는 누가 기록하고 보관해?"

"은행이 해야 하지 않을까? 은행이 잘 기록해 놔야 나중에 문제가 안 생기겠지."

"맞아. 지금까지는 은행에서 거래한 사람들의 정보를 은행이 알아서 잘 기록하고 보관해 왔어. 그런데 네가 어제 은행에서 10만 원을 찾아갔다는 사실을 옆집 아주머니는 알 수 있을까?"

"내가 말을 안 해 주면 당연히 모르겠지."

"그렇지. 모든 정보를 은행에서 관리하기 때문에 다른 사람들은 네가 어제 10만 원을 찾아갔는지 모를 거야. 이런 방식을 은행에 모든 정보가 집중된다고 해서 중앙집권적인 방식이라고 해."

"웅. 근데 블록체인은 언제 설명해 줄 거야?"

"급하기는. 지금부터 설명해 줄 테니 잘 들어 봐. 블록체인은 데이터를 분산해서 기록하는 기술이라고 했지? 블록체인 기술을 활용하면 은행에서 거래한 정보를 이제 은행 혼자서만 기록하고 보관하지 않아."

"그럼 누가 하는 거야?"

"은행하고 거래하는 모든 사람이 함께 하는 거야."

"어떻게?"

"어제 네가 은행에서 10만 원을 찾아갔다는 정보를 은행하고 거래하는 모든 사람에게 공유하는 거지. 그러면 같은 은행을 거래하는 옆집 아주머니도 당연히 네가 돈을 찾아갔다는 걸 알 수 있겠지? 그런데 오늘 네가 은행에 가서 100만 원을 찾겠다고 하면 은행은 뭐라고 할까? 아마 '이상하다, 잠깐 확인 좀 해 볼게요.' 하고 옆집 아주머니에게 전화를 걸어 물어보는 거지. 옆집 아주머니뿐 아니라 그 은행을 거래하는 모든 사람에게 확인을 하고 네가 어제 10만 원을 찾아갔기 때문에 오늘 100만 원을 찾을 수 없다고 설명해 주겠지.

"에이, 그러면 너무 오래 걸리는 거 아냐? 언제 다 일일이 확인하겠어."

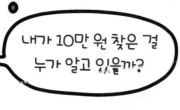

내가 10만 원 찾은 걸 누가 알고 있을까?

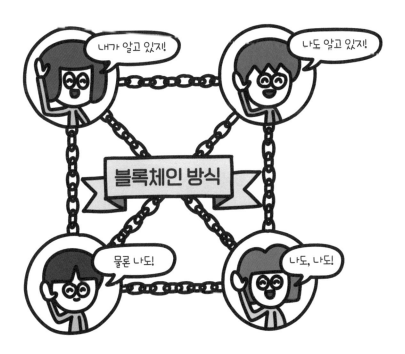

"하하하, 실제로는 그런 과정이 아주 신속하게 이뤄지는 거야. 블록체인에서 '블록'은 거래가 기록되는 장부를 의미해. 그리고 이런 거래들이 순차적으로 사슬(체인)처럼 연결되었다고 해서 이런 기술을 블록체인이라 불러. 은행에서만 정보를 기록하고 보관하는 게 아니라 모든 사람에게 정보를 공유하고 그렇게 분산된 정보를 일일이 대조해서 확인하는 방식이다 보니까 중앙에서 정보를 관리해 주는 주체가 필요 없잖아? 그래서 블록체인의 가장 큰 특징으로 꼽히는 게 탈중앙화야."

"뭐, 블록체인이 뭔지는 알 거 같은데, 은행이 다 알아서 처리해 주면 되지, 굳이 블록체인을 쓸 필요가 있어? 더 비효율적인 거 아냐?"

"그렇지 않아. 중앙에서 모든 정보를 관리하면 위조하기 쉽겠지? 한 군데에 있는 정보만 바꾸면 되잖아. 그런데 블록체인을 쓰면 그게 불가능해져. 모든 사람의 정보를 동시에 바꿔야 하는데 그게 쉽지 않겠지?"

"그건 그렇겠네."

"장점이 또 있어. 블록체인 기술을 쓰면 정보의 독점과 비대칭성 문제를 해결할 수도 있지. 블록체인에 있는 정보는 누구나 쉽게 접근할 수 있으니까 투명하게 공개될 수밖에 없거든. 정보도 투명하고, 중앙에 집중돼 있지도 않고, 위조나 변조도 불가능한 게 블록체인의 장점이야."

블록체인으로 돈을 만든다면?

"아빠, 비트코인 이야기는 언제 해 줄 거야?"

"잘 들어 봐. 비트코인은 바로 블록체인 기술을 가지고 만든 디지털 화폐야. 위조나 변조를 할 수 없게 암호화 기술을 써서 만든 거라 암호 화폐라고 부르기도 해."

"화폐면 돈이잖아. 돈에 왜 투자를 해? 1,000원은 언제나 1,000원 아니야?"

"비트코인이 화폐로 쓰이기는 하지만 아직 그 경제적 가치를 제대로 모르기 때문이야. 어떤 사람들은 비트코인에 화폐 가치가 전혀 없다고 주장하고, 다른 사람들은 가치가 무궁무진하다고 얘기하는 중이야. 가치가 높다고 생각하는 사람들은 비트코인을 계속해서 사 모으겠지. 나중에 가격이 오르면 큰돈을 벌 수 있다고 생각하니까."

"아, 그래서 쌀 때 사 놓으려고 하는 거구나. 근데 진짜 비트코인으로 물건을 살 수 있어? 나는 그런 얘기는 못 들어 본 거 같은데."

"2010년에 미국에서 어떤 사람이 비트코인 1만 개를 내고 피자 두 판을 사 먹었대. 피자가 얼마나 비쌌는지는 몰라도 대강 계산해 보면 비트코인 하나에 10원이 채 안 되는 가격으로 계산을 한 거지. 근데 비트코인 가격이 꾸준히 올라서 2021년에는 비트코인 하나에 8,000만 원이 넘는 가격으로 거래가 됐어. 그때 사 먹은 피자 가격을 2021

년 시세로 환산해 보면 8,000억 원이 넘는 돈이야."

"우와, 그 돈이면 피자 평생 먹어도 남겠다. 그건 그렇고 비트코인 하나에 8,000만 원? 그렇게 비싸?"

"응. 그랬지. 근데 2022년에는 또 3,000만 원도 안 되게 떨어졌어."

"왜 이렇게 많이 떨어진 거야?"

"아까 비트코인의 가치는 아직 정확히 모른다고 했잖아. 그러다 보니 가격이 엄청나게 왔다 갔다 해. 아빠가 지난번에 투자랑 투기의 차이에 대해 얘기해 줬지?"

"기억나. 뉴턴이 투기로 전 재산을 날렸잖아. 아, 또 있다. 튤립. 네덜란드도 튤립에 투기했다 망했잖아. 맞지?"

"오, 똑똑한데? 그때 튤립 한 송이가 집 한 채 가격만큼 올랐다가 폭락했다고 했잖아. 투기적 요소가 강하면 가격이 오를 때 확 오르고 떨어질 때도 확 떨어지거든. 비트코인도 마찬가지야."

"왜? 블록체인이 인류의 미래를 바꿀 기술이라며."

"장기적으로는 그럴 거라고 예상하는 거지. 그런데 비트코인의 화폐 가치가 앞으로 어떻게 될지 아직은 아무도 모르기 때문에 그래. 아까도 말했지만 앞으로 비트코인이 계속 오를 거라고 이야기하는 사람들도 있고, 지금 가격은 순전히 거품이고 언젠가는 휴지 조각이 될 거라고 이야기하는 사람들도 있어. 누구 말이 맞는지는 아무도 몰라. 시간이 아주 오래 지나면 알 수 있겠지. 그래도 요즘에는 긍정적인 시각이 좀 더 많은 것 같기도 해. 비트코인을 긍정적으로 생각하는 사람들은 비트코인을 금에 비교하기도 해."

"근데 비트코인은 누가 만든 거야?"

"2009년에 나카모토 사토시라는 사람이 만들었대. 근데 그 사람이 누군지는 아무도 몰라. 우리가 보통 쓰는 돈은 원래 한국은행 같은 중앙은행에서 발행하잖아? 근데 비트코인은 발행을 담당하는 기관이 아예 없어. 아까 블록체인의 가장 큰 특징이 탈중앙화라고 했던 거 기억나?"

"응, 그럼 어떻게 발행이 된다는 거야?"

"따로 발행을 하는 건 아니고 비트코인 거래 기록을 만들어서 안전한 거래를 할 수 있게 참여하는 사람한테 비트코인을 지급하는 식이야. 일종의 수고비 같은 셈이지. 이런 과정이 땅에 묻혀 있는 금을 캐는 작업하고 비슷하다고 해서 '채굴'이라고 표현해. 참고로 비트코인은 무제한으로 채굴할 수 있는 건 아니야. 최대 수량이 이미 정해져 있거든."

"얼마나?"

"2,100만 개. 지금까지 대략 90퍼센트 정도가 채굴됐다고 해."

"아니, 왜 수량을 정해 놓은 거야? 늦게 태어난 사람은 기회조차 없는 거잖아."

"그건 가치를 보존하기 위해서야."

나를 한정판으로 만들었구나

"개수를 제한하는 거랑 가치랑 무슨 상관이야?"

"다이아몬드가 물보다 비싼 이유는 뭘까? 어떻게 보면 물은 생명과도 직결된 거잖아. 너 물 안 먹고 살 수 있어?"

"없지. 음……. 물은 주변에 흔하잖아. 언제든 먹을 수 있으니까. 그래서 그런 거 아닐까?"

"오, 맞아. 바로 그거야. 너 '희소성'이라는 말 알지? 인간의 욕구는 끝이 없지만 그 욕구를 충족시켜 줄 자원은 늘 부족하잖아. 희귀할수록 비싸지. 비트코인도 마찬가지야. 무한정 채굴할 수 있으면 시간이 지날수록 가치가 떨어지게 되겠지? 그래서 처음부터 개수를 제한해 둔 거야."

"아, 이제 알겠다. 아빠, 우리도 같이 비트코인이나 채굴할까? 이 기회에 우리도 부자 되는 거야. 어때?"

"꿈 깨. 너는 지금 비트코인 채굴할 때가 아니야. 공부해야지."

"에이, 어른이 돼서 비트코인 채굴하려고 하는데 다른 사람들이 다 채굴해서 기회도 없으면 어떻게 해."

"그런 걱정은 안 해도 돼. 지금 예상으로는 2140년이나 되어야 채굴이 종료될 거래. 너까지는 기회가 충분히 있을 거야. 그리고 넌 아직 어리니까 가치가 있을지 없을지 모르는 비트코인을 채굴해서 부

자가 되는 것보다는 올바른 어른이 될 수 있게 공부 열심히 하는 게
더 중요하거든? 그러니까 해야 할 일에 집중해. 알겠지?"

"알았어. 내가 공부 열심히 해서 비트코인을 능가하는 뭔가를 꼭
만들어야겠어. 그래서 부자 돼야지."

더 알아보기

NFT

1,000원짜리 지폐의 가치는 얼마일까요? 질문이 너무 황당하지요? 내가 가지고 있는 1,000원이나 친구가 가지고 있는 1,000원이나 별다를 것 없이 모두 1,000원의 가치를 지니고 있습니다. 그런데 어느 날, 갑자기 BTS가 나타나서 내 1,000원짜리 지폐에 사인을 해준다면 어떨까요? 아이스크림을 사면서 그 지폐를 낼 수 있을까요?

NFT(Non-Fungible Token, 대체 불가능한 토큰)는 바로 이러한 개념을 디지털 세상으로 옮겨 온 것입니다. 같은 디지털 세상이라도 비트코인 같은 디지털 화폐는 여러 비트코인이 동일한 가치를 지니고 있지만 NFT는 고유한 성격을 가진 단 하나의 NFT만 만들 수 있기 때문에 다른 것으로 대체가 불가능합니다.

그런데 내가 가진 NFT가 진짜인지 어떻게 확인하냐고요? 앞서 살펴본 블록체인 기술이 있기에 가능합니다. 디지털 자산은 복제를 할 수 있기에 그동안은 가치를 인정받기 어려웠습니다. 원본이 무엇인지 확인할 수 없었기 때문이지요. 하지만 NFT는 블록체인을 통해 복제를 막을 수 있고, 소유권 변동에 대한 내역도 확인할 수 있기에 디지털 자산에 대한 가치가 재평가되고 있는 것입니다.

실제로 NFT는 엄청난 가격에 거래되고 있습니다. 아티스트 비플이 만든 디지털 그림 파일이 크리스티 경매를 통해 무려 6,930만 달러(약 900억 원)에 낙찰되기도 했으며, 트위터(현 X)의 창업자인 잭 도시가 2006년 날린 최초의 트윗이 290만 달러(약 38억 원)에 판매되기도 했습니다. 이러한 관심을 반영하듯 영국의 대표 사전으로 꼽히는 콜린스는 2021년에 '올해의 단어'로 NFT를 선정하기도 했습니다.

3. 왜 나라가 내 돈을 가져가지?

우리나라 국민이라면 누구나 지켜야 하는 여섯 가지 의무가 있습니다. 그중의 하나가 바로 납세의 의무입니다. 납세란 나라에 세금을 내는 것을 말합니다. 그런데 여러분은 아직 세금을 내본 적이 없다고요? 대부분의 경제 활동에는 이미 세금이 포함되어 있어서 여러분도 모르게 내고 있었을 거예요. 물건을 살 때도, 은행에서 이자를 받을 때도 우리는 모두 나라에 세금을 내고 있으니까요. 그렇다면 나라는 내 돈을 받아서 대체 뭘 하는 걸까요? 여기서는 세금이 무엇이고 왜 내야 하는지, 내가 낸 돈은 어디로 가는지를 알아볼게요.

"아빠, 뭐 해?"

"세금 신고하는 중이야."

"세금? 그게 뭔데?"

"어? 너 세금이 뭔지 몰라?"

"응, 뭐냐니깐?"

"세금은 나라에 내는 돈이야."

"왜 나라에 돈을 내야 돼?"

"그래야 그 돈으로 나라에서 국민들한테 다양한 서비스를 할 수 있 거든."

"서비스? 나는 나라에서 받은 게 없는데?"

"없긴 왜 없어. 너한테 나라에서 준 돈만 해도 얼마인데?"

"내가 나라에서 받은 돈이 있다고? 나는 본 적도 없는데?"

"에이, 거짓말. 너 기억 안 나? 코로나 때 지원금도 받았잖아. 그때 너 뭐라고 했어? 너한테 나온 돈으로 자전거 사 달라고 했잖아."

"아, 맞다. 그랬지. 깜빡했네."

"그것만이 아니야. 너 태어났다고 나라에서 지원금도 주고, 예방접 종도 놔 줬어."

"그건 내가 어릴 때 받은 거니까 기억 못하는 게 당연하지."

"지금은 받는 게 없을까? 너 학원 다니지? 학원 다니면 매달 학원비 를 내잖아. 학원에서는 그 학원비를 모아서 학원 선생님 월급도 주고, 교재도 만들고, 버스도 운영하잖아. 근데 학교는 돈도 안 내고 다니는데 어떻게 운영을 하겠어? 심지어 점심때 급식도 공짜로 먹고 있잖아."

"아, 그걸 세금으로 하는 거구나."

"그래, 맞아."

"근데 아빠가 세금 내면 그 돈으로 학교 다니는 거잖아. 그러면 결국 제값 다 내고 있는 거 아니야? 그러면 일반 회사랑 나라가 다른 게 뭐야?"

돈을 벌면 내는 세금, 소득세

"아주 좋은 질문이야. 근데 아빠가 한 가지만 물어보자. 세금은 어떤 기준으로 내는 게 합리적일까?"

"글쎄, 잘 모르겠는데."

"세금의 종류는 되게 다양한데, 그래도 가장 기본이 되는 건 소득세야."

"소득세?"

"너 소득이 무슨 말인지 알아?"

"내가 바보야? 버는 돈이 바로 소득이잖아."

"그렇지. 아빠가 회사에서 일을 하고 월급을 받잖아? 그 월급에 부과하는 세금이 바로 소득세야. 버는 돈이 있어야 세금도 낼 수 있는 거니까."

"그건 그래."

"근데 한 달에 1,000만 원을 버는 사람이랑 한 달에 100만 원을 버는 사람이 있다고 해 보자. 이 두 사람한테 세금을 똑같이 걷으면 어떨까?"

"똑같이 걷어야 공정한 거 아냐? 어차피 나라에서 서비스받는 건 비슷할 거 같은데?"

"그렇지 않아. 만약에 그 두 사람에게 세금으로 매달 50만 원씩 걷는다고 해 봐. 그럼 1,000만 원을 버는 사람은 세금을 내도 950만 원이 남으니까 살 수 있겠지만, 100만 원을 버는 사람은 세금을 내고 나면 50만 원밖에 안 남으니까 살기가 빠듯하지 않을까?"

"응. 100만 원을 버는 사람은 좀 힘들겠다."

"그래서 나라에서는 돈을 많이 버는 사람한테 세금을 많이 걷고 돈을 적게 버는 사람한테 세금을 조금 걷어. 그래야 사람들이 다 같이 행복하게 살 수 있으니까."

"그건 그러네."

"자, 그럼 다시 아까 질문으로 돌아가 보자. 나라가 제공하는 서비스랑 회사가 제공하는 서비스는 무슨 차이가 있을까?"

"나 이제 알 거 같아. 회사에서 제공하는 서비스는 누구든 똑같은 요금을 내잖아. 그런데 나라가 제공하는 서비스는 이용하는 사람의 소득에 따라 내는 돈이 달라져. 맞지?"

"우와, 대단한데? 정확해. 세금에는 다양한 기능이 있는데, 부자들한테 세금을 많이 걷고 가난한 사람들에게 적게 걷는 걸 전문적인 용어로 부의 재분배 기능°이라고 해. 그렇게 걷은 세금으로 가난한 사람들을 도와주는 거지. 그래서 부자랑 가난한 사람의 차이를 줄여 주는 거야."

"그럼 나는 앞으로 일하지 말아야겠다. 돈 안 벌면 세금도 안 내는 거 맞지? 그리고 나라에서 제공하는 서비스를 공짜로 받을 수 있는 거잖아. 완전 좋은데?"

"아이고, 지우가 똑똑한 줄 알았는데 그게 아니었네. 물론 나라는 소득이 적은 사람들을 위해서 여러 가지 서비스를 해 줘. 생활비를 지원해 준다거나 살 곳을 마련해 주기도 하지. 근데 아주 충분한 정도로 지원해 주는 건 아니야. 인간답게 살기 위한 최소한의 지원이지, 그 이상은 아니거든. 만약에 넉넉하게 지원해 주면 어떻게 되겠어? 너처럼 일 안 하고 살려는 사람이 많아지겠지? 그러면 세금 내는 사람은 점점 줄어드는데 세금 쓸 곳은 늘어나겠지. 그러면 과연 나라가 제대로 운영될 수 있을까? 그건 아니겠지?"

"아, 아빠. 웃자고 한 말인데 너무 진지하다. 설마 내가 그 정도도 모를까 봐?"

"하하하, 그러면 다행이고. 참, 그리고 세금은 소득에만 부과하는
건 아니야."

"그럼?"

"세금은 우리가 돈을 쓸 때도 내는 거야."

돈을 쓰면 내는 세금, 부가가치세

"정말? 내가 그렇게 학교 앞 편의점을 다녔지만 세금을 낸 적은 한
번도 없는데?"

"그게 다 물건값에 세금이 포함돼 있어서 그래. 그런 세금을 부가
가치세라고 해. 우리나라는 일반적으로 물건값의 10퍼센트 정도가
세금이야."

"그럼 나처럼 버는 돈이 없는 사람도 세금을 내고 있었던 거네?"

● **부의 재분배 기능**
부자는 더욱 부자가 되고, 가난한 사람은 계속해서 가난하게 살 수밖에 없는 상황
이 생기면 사회적 불평등이 심해질 겁니다. 경제적 양극화라고 부르는 이러한 문
제를 해결하기 위해 나라에서는 부자에게는 더 많은 세금을 걷고, 가난한 사람을
위해서는 여러 복지 정책을 펴고 있습니다. 이를 부의 재분배 기능이라고 합니다.

"응, 맞아."

"근데 그러면 잘사는 사람이나 나처럼 돈 없는 사람이나 똑같이 세금을 내는 거 아니야? 그럼 너무한 거 아니야?"

"맞는 말이야. 그래서 부가가치세를 올리거나 할 때는 상당히 신중해질 수밖에 없어. 전 국민에게 영향을 미치는 거거든."

"그런데 나라에서 세금을 막 올리면 어떻게 돼?"

"그러면 국민들의 저항이 심해지겠지. 너 혹시 '창문세'라는 말 들어 봤어?"

"창문세? 창문에 세금을 매기는 거야?"

"응. 창문세는 창문 개수에 따라서 세금을 내는 거야."

"대박. 무슨 그런 세금이 다 있어?"

"창문세는 17세기 영국에 있었대. 그때 영국은 프랑스랑 전쟁을 하느라 국가 재정이 거의 바닥난 상태였거든. 그래서 부자들한테 세금을 더 걷으려고 창문세를 만든 거야."

"근데 창문이 없는 집이 어딨어. 우리 집만 해도 방마다 창문이 다 있잖아. 너무한 거 아냐?"

"지금이야 창문이 일반적이지만 당시 영국은 그렇지 않았대. 왜냐하면 그때는 유리가 엄청나게 비쌌거든. 그래서 창문이 없는 집도 많았대. 창문이 있는 집에 사는 사람은 상대적으로 잘사는 사람이었던 거지."

"그러면 좀 이해가 되네. 근데 생각해 보니 창문의 개수에 따라 세금을 매기는 거잖아? 그러면 집을 지을 때 창문을 안 만들면 세금을 안 내도 되는 거겠네?"

"맞아. 아까 나라가 세금을 막 올리면 국민들의 저항이 심해진다고 했잖아? 나라가 매기는 세금에 불만을 가지고 세금 내는 걸 거부하는 행동을 '조세 저항'이라고 해. 세금이 불합리할수록 조세 저항이 강해질 수밖에 없어."

어떤 세금을 어떻게 걷어야 합리적일까?

"근데 나라에서 내라는 세금을 안 내면 안 되는 거 아냐?"

"그렇지. 그러니까 합법적으로 안 내는 방법을 찾아야지. 창문세가 나왔을 때도 그랬대. 나무판자나 벽돌 같은 걸로 창문을 막아버린 사람도 있었고 아까 네가 말한 것처럼 새로 집을 지을 때 창문을 아예 안 만드는 경우도 많이 있었대. 사람들이 세금을 안 내려고 머리를 굴린 거지."

"그런 걸 잔머리라고 하는 거지?"

"응. 근데 생각해 봐. 집에 창문이 없으면 하루종일 깜깜하겠지? 그리고 환기도 어려울 거 아냐. 그러면 그 집에 사는 사람들은 고생이 이만저만이 아니겠지? 그래도 세금을 내는 것보다는 불편하게 사는 게 낫다고 생각한 거잖아. 그만큼 사람들이 창문세를 부당한 세금이라고 생각한 거겠지?"

"창문이 없는 집에서 사는 건 생각만 해도 끔찍하다."

"그래서 나라가 국민들한테 합리적인 기준을 제시하는 게 중요해. 그래야 불만 없이 세금을 잘 낼 거 아냐?"

"그건 그래. 창문세는 좀 황당하긴 하다. 국민들은 국민들대로 창문이 없는 집에 살아서 불편하고, 나라는 나라대로 세금이 줄어들어서 안 좋잖아."

"맞는 말이야. 그래서 새로운 세금을 도입할 때는 국민들의 합의를 이끌어 내는 게 중요해. 최근에 논란이 되고 있는 세금 중에 설탕세라는 게 있는데 들어 봤어?"

"설탕세? 잘 모르겠는데."

"요즘 뚱뚱한 사람들이 늘어나고 있잖아. 사람들이 뚱뚱해지면 어떤 문제가 있을까?"

"병에 더 많이 걸리겠지. 그리고 움직임도 둔해져서 운동도 잘 못해. 그리고 가장 중요한 건 뚱뚱하면 여자애들이 별로 안 좋아해."

"하하하, 그치. 아무래도 날씬한 사람보다는 인기가 덜할 수도 있겠지. 근데 그것보다 중요한 건 살이 찌면 여러 가지 질병에 더 잘 걸린다는 거야. 그래서 세계보건기구에서는 비만을 질병이라고 공인하기도 했어."

"근데 비만하고 세금이 무슨 관계야?"

"단 걸 많이 먹을수록 비만이 될 확률이 높아지겠지? 사탕이나 초콜릿, 콜라 같은 데에 설탕이 아주 많이 들어가거든. 그래서 이런 음식을 덜 먹게 하려고 세금을 부과하는 거야. 우리나라에는 아직 없는데 시행하는 나라도 있어."

"근데 세금을 부과하면 왜 덜 먹어?"

"너 좋아하는 과자나 탄산음료 같은 게 하나에 1만 원씩 하면 매일 먹을 수 있겠어? 세금 때문에 가격이 오르면 그만큼 덜 사 먹게 되지 않을까?"

"아, 그러네. 내 일주일 용돈이 5,000원인데 과자가 1만 원이면 2주를 참아야 겨우 하나 먹을 수 있는 거네. 그럼 돈이 아까워서라도 못 먹지."

"그렇다고 설탕세를 도입하는 것도 쉽지 않아."

"왜? 건강을 위한 거잖아. 살도 뺄 수 있을 거 같고."

"반대 의견도 만만치 않거든. 세금으로 가격을 올리면 사람들 부담이 커지겠지? 특히 저소득층일수록 더 그럴 테고. 그러다 보니까 이 제도를 도입하는 데 더 신중해야 한다는 거야."

"음……. 일리가 있네. 필요는 할 거 같은데, 부작용도 있고. 참 어렵네."

"맞아. 그래서 새로운 세금을 도입할 때는 신중해야 돼. 다양한 사람들의 의견도 많이 들어야 하고."

"그렇구나. 난 설탕 이야기를 하니까 갑자기 단 게 먹고 싶네. 뭐 먹을 거 없나 한번 찾아봐야겠다. 아빠도?"

"아냐, 됐어. 아빠는 다이어트 할 거야. 음료수 대신 물이나 한잔해야겠다. 너도 단 거 너무 많이 먹지 마."

"알았어. 다이어트는 내일부터."

더 알아보기

이런 세금도 있다고?

나라는 세금을 잘 걷어야 원활하게 운영할 수 있습니다. 그래서 나라에 돈이 많이 필요할 경우 새로운 세금을 만들기도 합니다. 그런데 돈이 목적이라기보다는 국민들의 행동을 바꾸기 위해서 세금을 활용하는 경우도 있습니다. 대표적으로 독신세, 수염세, 방귓세가 그렇게 만들어진 세금입니다.

로마 제국의 초대 황제가 된 아우구스투스는 고민에 빠졌습니다. 거대한 제국을 유지하려면 강력한 군대가 필요했는데, 이를 위해서는 무엇보다도 충분한 인구가 있어야 했기 때문입니다. 아우구스투스는 고심 끝에 인구를 늘리기 위한 방법으로 독신세를 도입했습니다. 미혼 남녀라면 수입의 1퍼센트를 세금으로 내게 한 것입니다. 결혼을 유도해 인구를 늘리려는 목적의 세금이었습니다. 이후 독신세는 히틀러 치하의 독일이나 일부 공산권 국가에 도입되기도 했습니다. 최근에는 우리나라에서도 저출산 문제를 해결하기 위해 독신세에 대한 논의가 진행되고 있습니다.

러시아에서는 한때 수염세를 부과했던 때가 있었습니다. 18세기

초, 러시아의 귀족들은 수염을 신성하게 여기며 길게 기르던 풍습이 있었습니다. 당시 러시아의 황제였던 표트르 대제는 수염을 관리하기 위해 들어가는 시간과 노력이 국가 발전에 방해가 된다고 생각해 수염에 세금을 부과하게 되었습니다. 이후 많은 러시아 귀족이 세금을 피하기 위해 수염을 잘랐다고 하니 표트르 대제의 의도가 통한 셈입니다.

유럽의 에스토니아에서는 2009년부터 축산 농가에 방귓세를 부과하고 있습니다. 소가 되새김질을 하는 과정에서 발생하는 메탄 가스는 소의 방귀나 트림 등을 통해 배출되는데, 지구 온난화의 주요 원인으로 손꼽힙니다. 에스토니아는 국가적인 온실 가스 저감 정책의 일환으로 축산 농가에 세금을 부과하게 된 것입니다.

부록 1. 주식 계좌 이렇게 만들어요

우리나라에서 18세 이하 미성년자가 주식 계좌를 만들기 위해서는 부모님 또는 법정 보호자의 동의가 반드시 필요합니다. 보호자와 함께 마음에 드는 증권 회사 또는 업무 제휴가 된 은행을 방문하여 계좌를 만들거나, 각 증권사의 모바일 앱 등을 통해 비대면으로 계좌를 만들 수 있습니다. 증권 회사마다, 직접 방문하는지의 여부에 따라 조금씩 차이가 있지만 계좌를 만들기 위해서는 대략 다음과 같은 준비물이 필요합니다.

계좌를 만들 사람의 주민등록등본, 가족관계증명서
계좌를 만들 사람의 도장
보호자의 신분증과 보호자 명의의 휴대전화
보호자가 사용 중인 계좌 번호

우리나라에는 2023년 기준 50개가 넘는 증권 회사가 있습니다. 각 증권 회사의 홈페이지를 보면 계좌를 만들기 위해 무엇을 준비해야 하는지 안내되어 있습니다.

여러분은 종이 신문을 읽어 본 적이 있나요? 투자와 관련된 정보를 얻는 제일 좋은 방법은 종이 신문을 읽는 것입니다. 신문은 정치, 경제, 사회, 문화 등 다양한 분야에서 일어나는 사건에 대해 가장 쉽게 알 수 있는 수단입니다. 또한 신문은 단순히 사실을 전달하는 것에 그치지 않고 사건에 대한 분석을 통해 우리가 사는 세상이 어떠한 방향으로 변화하는지 이해하는 데 도움을 줍니다. 이를 통해 우리는 투자에 대한 아이디어를 얻을 수 있습니다.

예를 들어 오늘 신문에서 맞벌이 부부가 증가한다는 기사를 읽었다고 가정해 볼게요. 맞벌이 부부가 증가한다면 주식 시장은 어떤 영향을 받을까요? 일단 부부가 모두 일을 해야 한다면 요리, 설거지, 청소, 빨래 같은 집안일을 할 시간은 점점 줄어들 수밖에 없습니다. 그래서 맞벌이로 소득이 늘어난 사람들은 자연스럽게 집안일을 편리하게 해 주는 제품에 관심을 가지게 될 겁니다. 식기 세척기, 건조기, 로봇 청소기 등이 그런 제품이지요. 요리의 경우에도 간편한 밀키트 제품이 인기를 끌게 될 거예요. 그러면 이런 제품을 판매하는 회사들이 돈을 더 많이 벌 수 있지 않을까요? 어떤 회사가 이런 제품을 생산하는지 알아보고 그 회사에 투자하는 것은 어떨까요? 이런 식으로 사회가 어떻게 변화하는지 파악하고 이를 통해 자신의 투자 아이디어를 구체화하면서 투자에 대한 감각을 늘려 나갈 수 있습니다.

그렇다면 신문은 어떻게 읽는 것이 좋을까요? 사실 처음 신문을 읽는 것은 쉬운 일이 아닙니다. 신문을 처음부터 끝까지 꼼꼼히 읽기 위해서는 상당한 시간이 필요할 뿐만 아니라 어려운 용어들도 많이 나오기 때문입니다. 그렇기에 처음부터 다 읽겠다는 생각보다는 먼저 신문을 쭉 넘기면서 제목 중심으로 읽어 나가는 것을 추천합니다. 제목을 읽는 것만으로도 전체적인 흐름을 파악하는 데 큰 도움이 되기 때문입니다. 그러다 관심이 가는 기사가 있으면 한두 개 정도 읽으면 됩니다. 이렇게 시작을 해서 익숙해지면 서서히 관심 분야를 넓히고 읽는 분량도 늘려 나가는 것이 좋습니다. 읽는 분량이 늘어나면 세상을 이해하는 전반적인 폭도 넓어지고 어려운 용어도 금세 익숙해질 겁니다.

신문을 통해 세상의 흐름을 알게 되고, 관심이 가는 회사들이 생겼다면 이제 그 회사에 대한 자세한 정보와 함께 경제 전반에 대한 정보를 얻는 것이 필요합니다. 이를 위해서는 인터넷 포털 사이트를 활용하는 것이 좋습니다. 여기서는 우리나라에서 가장 많은 사람이 이용하는 포털 사이트인 네이버를 활용하는 방법을 알아보겠습니다.

네이버 메인 화면의 '증권' 아이콘을 누르거나 검색창에 '네이버페이 증권'을 검색하면 네이버페이 증권 홈에 들어갈 수 있습니다. 윗부분을 보면 다양한 정보를 찾을 수 있는 메뉴가 있습니다. 국내 주식과 관련된 정보를 얻을 수 있는 '국내', 전 세계 주식 시장에 대해 알 수 있는 '해외', 다양한 국가의 환율 및 원자재 가격을 알 수 있는 '시장지표', 비트코인을 비롯한 가상 화폐의 동향을 알 수 있는 '가상자산', 경제 관련 뉴스와 증권사에서 만든 다양한 리포트를 볼 수 있는 '투자정보' 등이 있습니다.

만약 특정 회사에 대해 좀 더 자세한 정보를 알고 싶다면 검색창에

직접 해당 회사의 이름을 조회하면 됩니다. 그러면 기업 개요, 시가 총액, 상장 주식 수, 외국인의 주식 보유 비율, 재무제표 등 기본적인 정보는 물론 이를 바탕으로 심도 있게 분석한 정보도 찾을 수 있으니 관심이 가는 회사는 한번 꼭 조회해 보기 바랍니다.

부록 4. 주식 그래프는 어떻게 보는 걸까?

 주식 투자를 시작하면 아래 그림과 같은 낯선 모양의 그래프를 많이 보게 될 거예요. 이 그래프를 '캔들차트'라고 부르는데, 양초를 닮은 빨간색과 파란색의 막대 모양 도형(캔들)으로 가격의 변화를 알기 쉽게 표현한 그래프입니다. 하루, 일주일, 한 달 등 일정한 기간 동안의 주식 가격 변화를 표시할 수 있으며, 각각을 일봉, 주봉, 월봉이라고 부릅니다.

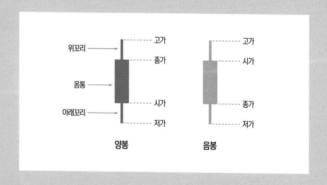

 캔들은 크게 몸통과 꼬리로 나눌 수 있습니다. 설정한 기간 중에 시가(처음 가격)보다 종가(마지막 가격)가 상승했다면 빨간색의 양봉,

시가보다 종가가 하락했다면 파란색의 음봉으로 표시됩니다. 꼬리는 설정한 기간 중 가장 높은 가격(고가)이 얼마였는지, 가장 낮은 가격(저가)이 얼마였는지를 알려 줍니다.

　캔들의 몸통과 꼬리의 길이를 보면 해당 기간 중에 가격 변동이 얼마나 컸는지를 짐작할 수 있습니다. 양봉의 경우 몸통이 길수록 시가 대비 종가가 큰 폭으로 올랐다는 뜻입니다. 반대로 음봉의 경우 몸통이 길면 시가 대비 종가가 크게 떨어졌다는 의미입니다. 또한 꼬리가 길면 길수록 해당 기간 동안의 가격 변동폭이 컸다는 것을 알 수 있습니다. 하지만 꼬리가 아예 없는 경우도 있습니다. 주식의 가격이 시가와 종가 사이에서 변화한 경우에 그렇습니다. 때에 따라서는 위나 아래 중 한쪽에만 꼬리가 있을 수도 있습니다.

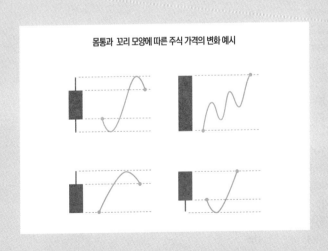

몸통과 꼬리 모양에 따른 주식 가격의 변화 예시

이 책에 나오는 용어 찾아보기

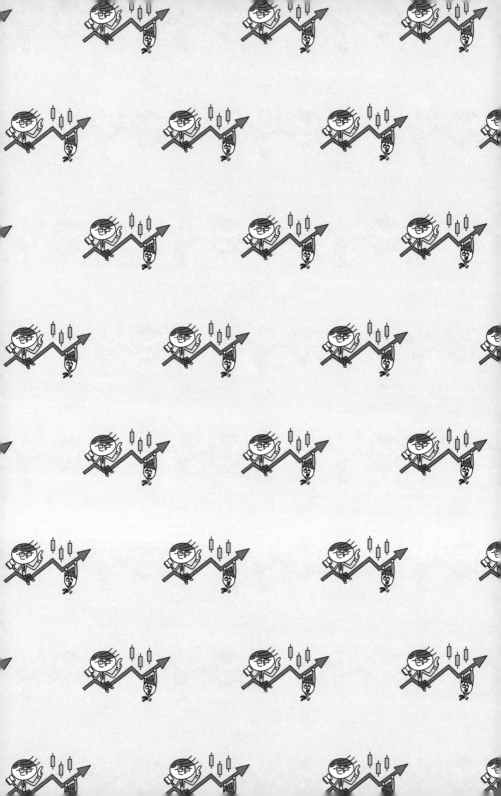